Sprachfreunde 2

Ausgabe Süd

Ein Sprachbuch
für die Grundschule

Erarbeitet von
Heike Bonas
Antje Delonge
Anja Hollik
Peter Sonnenburg
und der Redaktion Primarstufe

VOLK UND WISSEN

Sprachfreunde 2

Ausgabe Süd

Erarbeitet von
Heike Bonas, Antje Delonge, Anja Hollik, Peter Sonnenburg

Unter Einbeziehung der Ausgabe von
Tilly Schmidt, Christine Szelenko, Heike Wessel

Unter Beratung von
Simone Adler (Pirna), Dagmar Diewald (Altenburg), Colette Hoffmann (Magdeburg), Katrin Junghänel (Zwickau), Heike Keitel (Wittenberg), Sigrun Nowak (Hohen Neuendorf), Gerhild Schenk (Werneuchen), Heike Schützel (Plau)

Redaktion: Jutta Wild, Margit Engler, Gerhild Schenk
Bildredaktion (Foto): Peter Hartmann
Illustrationen: Uta Bettzieche (Hund + Detektiv), Barbara Schumann,
Tanja Székessy (Anlautbilder im Wörterverzeichnis), Hans Wunderlich, Originalillustrationen
Umschlaggestaltung: tritopp, Berlin, Uta Bettzieche, Gerhard Medoch, Barbara Schumann
Layout und technische Umsetzung: tritopp, Berlin

www.vwv.de

1. Auflage, 5. Druck 2013

Alle Drucke dieser Auflage sind inhaltlich unverändert und können im Unterricht nebeneinander verwendet werden.

Druck: Mohn Media Mohndruck, Gütersloh

ISBN 978-3-06-080965-3

Inhalt gedruckt auf säurefreiem Papier aus nachhaltiger Forstwirtschaft.

Inhalt

Strategieseite
Blaue Seite
Freundeseite

In der Schule

A B C D E F G
Am Morgen ich zur Schule geh.
H I J K L M N
Am Mittag ich nach Hause renn.
O P Q R S T U
Am Abend gehe ich zur Ruh.
V W X Y Z
In der Nacht
schlaf ich
im Bett.

Am ersten Schultag nach den Ferien
ist immer viel los. Sprecht zu dem Bild!
Wie war dein erster Schultag im neuen Schuljahr?

Nach den Sommerferien

1 Welche Fragen und Wünsche haben die Kinder auf dem Bild?

2 Sage, schreibe oder male, was du dir im neuen Schuljahr wünschst!

Die Namen der Kinder

Alexander und Tamara sind neu in der Klasse.
Sie möchten sich die Namen der Kinder schnell merken.
Deshalb spielen alle das Spiel
„Mein rechter, rechter Platz ist leer".

1 Spielt das Spiel!

2 Schreibe Namen aus deiner Klasse auf!
Mädchen: … Jungen: …

3 Schreibe die Reimpaare auf!
Unterstreiche den großen Anfangsbuchstaben!

Kora	Lina	Kim	Nico
Nora	N…	T…	R…

4 Erkläre, was ein Vorname ist und was ein Familienname ist!

★ Finde möglichst viele Namen, die mit deinem Lieblingsbuchstaben beginnen!

Menschen haben **Namen**. Man schreibt sie am Wortanfang **groß**.
***M**aria, **T**im, **S**ofie, **P**aul*

Im Klassenzimmer

das Bild
das Regal
das Buch
der Fisch
die Blume
die Katze
das Kind
das Sofa
der Tisch
der Stuhl
der Computer
die Lehrerin
das Heft
der Stift
die Schere
die Maus
der Elefant

1 Welche Menschen, Tiere, Pflanzen und Dinge könnt ihr im Bild entdecken?

2 Schreibe einige Wörter aus Aufgabe 1 in dein Heft!
Die Sammelwörter am Rand helfen dir dabei.
Ordne so:
Menschen: das Kind, …
Tiere: …
Pflanzen: …
Dinge: …

Namen für **Menschen**, **Tiere**, **Pflanzen** und **Dinge** heißen **Namenwörter (Substantive)**.
Namenwörter (Substantive) schreibt man am Wortanfang **groß**.
*die **L**ehrerin, der **V**ogel, die **B**lume, das **B**uch*

Dinge in der Schultasche

1 Was gehört alles in eine Schultasche?
Welche Dinge gehören nicht hinein?
Sprecht darüber!

2 Lies den Text!
Welche Wörter musst du einsetzen?

Die Schultasche ist noch nicht gepackt.
Es fehlen noch … Schere und … Heft.
Alle sollen … Buch mitbringen.
Paul wählt … Ritterbuch aus.
Jetzt steckt er noch … Brot ein.

die Schultasche
eine Schultasche

die Schere
eine Schere

das Heft
ein Heft

das Buch
ein Buch

das Brot
ein Brot

3 Schreibe den Text ab!
Unterstreiche die eingesetzten Wörter!

4 Vergleicht eure Lösungen!

5 Schreibe die blau markierten Namenwörter (Substantive) aus dem Text so auf:
<u>die</u> Schultasche – <u>eine</u> Schultasche, …

Namenwörter (Substantive) haben **Begleiter (Artikel)**.
Bestimmte Begleiter (Artikel): *der, die, das*;
unbestimmte Begleiter (Artikel): *ein, eine*.
der *Stift* – ***ein*** *Stift*, ***die*** *Flasche* – ***eine*** *Flasche*, ***das*** *Brot* – ***ein*** *Brot*

Das Abc

1 Wo finden die Kinder die Informationen, die sie suchen? Ordne zu!

2 Erkläre, wie man einen Namen im Telefonbuch oder wie man einen Begriff im Lexikon finden kann!

3 Übt das Abc-Lied und singt es gemeinsam!

4 Schreibe das Abc in deiner schönsten Schrift auf!

★ Informiere dich im Lexikon über das Wort Alphabet!

5 Lies das Gedicht und reime weiter!

A B C D E	– Herr Eisbär tanzt im Schn…
F G H und I	– Er tanzte wie noch n…
J und K und L	– Er tanzte furchtbar schn…
M und N und O	– Da fiel er auf den P…
P und Q und R	– Im Wasser lag der H…
S T U und V	– Es lachte seine Fr…
W X Y und Z	– Das war mal richtig n…

6 Welche Buchstaben stehen im Abc davor oder danach?
Schreibe so: B C D, …

C E I O P Y

7 In jeder Abc-Gruppe fehlt ein Buchstabe.
Schreibe die vollständigen Buchstabengruppen auf!

A B C D F G H I J K M N O P Q S T U V W X Y

8 Jeder schreibt seinen Namen auf ein Blatt Papier.
Ordnet die Namen gemeinsam nach dem Abc!

9 Ordne die Namen dieser Kinder nach dem Abc!

Tamara Maria Paul Femi Alexander

★ Welcher Buchstabe aus dem Abc fehlt in diesem Satz?

Der junge Max fährt kurz vor zwei
mit seiner Yacht bei Paul vorbei.

Ein Wörterbuch kennen lernen

*Die Kinder blättern in einem neuen Buch.
Es ist ein Wörterbuch.*

Alexander

Da kann man nachschauen, **wie** die Wörter geschrieben werden.

Maria

Hier fangen alle Wörter mit **A/a** an.

Paul

Am Rand jeder Seite stehen **Anfangsbuchstaben**.

Femi

Die Wörter sind immer nach dem **Alphabet** geordnet.

Tamara

Manche Wörter sind **fett** gedruckt.

Frau Bach

Die **fett** gedruckten Wörter heißen **Stichwörter**.
Sie helfen euch beim Suchen.

Ab bis **An**

A B C D E F G H I J K L M N O P Q R S T U V W X Y Z

A

ab, abfahren, abholen
der **Abend**, heute Abend, abends, von morgens bis abends
aber
acht, achtzehn, achtzig
das **Adjektiv**, die Adjektive
der **Affe**, die Affen
alle, alles
allein
als, größer als ich
also
alt, ein alter Baum, er ist älter als ich
am, am Abend
die **Ampel**, die Ampeln
die **Amsel**, die Amseln
an, anfassen, anrufen, anziehen
die **Ananas**
andere, der andere, die anderen, etwas anderes
ändern, ich ändere, sie ändert
anders
der **Anfang**, anfangen
die **Angst**, ängstlich
die **Antwort**, die Antworten
antworten, ich antworte, er antwortet, er antwortete

38

1 Abc Was entdeckst du noch in deinem Wörterbuch?

Stichwörter im Wörterbuch suchen

TIPP **So findest du ein Stichwort:**
Stichwort **Ball**
- Lies den Anfangsbuchstaben!
- Suche den Buchstaben **B** am Rand!
- Lies die Stichwörter mit **B** und **b** durch!
- Finde das Stichwort **Ball**!

Ba bis **Be**

A B C D E F G H I J K L M N O P Q R S T U V W X Y Z

B

das **Baby**, die Babys
der **Bach**, die Bäche
backen, ich backe, sie backt, sie backte
der **Bäcker**, die Bäcker
das **Bad**, die Bäder
baden, ich bade, er badet, er badete
die **Bahn**, die Bahnen
bald, bald kommen
der **Ball**, die Bälle
die **Banane**, die Bananen
die **Bank**, die Bänke
der **Bär**, die Bären
basteln, ich bastle, sie bastelt, sie bastelte
der **Bauch**, die Bäuche
bauen, ich baue, er baut, er baute
der **Bauer**, die Bauern
die **Bäuerin**, die Bäuerinnen
der **Baum**, die Bäume
die **Beere**, die Beeren
beginnen, ich beginne, sie beginnt, sie begann
bei, bei der Arbeit
beide, diese beiden
beim, beim Schreiben
das **Bein**, die Beine
das **Beispiel**, die Beispiele
beißen, ich beiße, er beißt, er biss

40

1 Suche das Stichwort **Ball** in deinem Wörterbuch! Nenne die Seitenzahl! Lies vor, was bei dem Stichwort **Ball** steht!

2 Suche nun das Stichwort **malen**! Erkläre, wie du das Wort schnell finden kannst! Lies vor, was alles bei dem Stichwort **malen** steht!

3 Suche die Stichwörter zu den Bildern und schreibe die Seitenzahl auf! Schreibe ab, was bei den Stichwörtern steht!

4 Suche in deinem Wörterbuch Namen für Tiere, die mit **K**, **F**, **A** oder **V** beginnen!

★ Suche in deinem Wörterbuch Dinge, die du essen kannst und die mit **B**, **F** oder **G** beginnen!

Laute und Buchstaben

1 Lies das Gedicht mehrmals und trage es dann vor! Lass die **Selbstlaute** klingen: **A**, **E**, **I**, **O**, **U**!

2 Schreibe die Tiernamen richtig auf! Markiere die **Selbstlaute** **A/a**, **E/e**, **I/i**, **O/o** und **U/u**!

3 Schreibe Vornamen, die mit einem Selbstlaut beginnen!
Anne, Erik, …

4 Schreibe Vornamen, die mit einem Mitlaut beginnen!
Bert, Marie, …

★ Suche im Wörterverzeichnis Wörter, die mit einem Selbstlaut beginnen und enden! Schreibe sie auf!
alle, …

A, E, I, O, U
msel, sel, gel, tter
und eine nke auch
guckten in jeden Graben,
durchsuchten jeden Strauch.
Sie hatten fünf verloren
und riefen laut mir zu:
„Du sei lieb und hilf uns rufen:
A, E, I, O, U!“

A/a, **E/e**, **I/i**, **O/o**, **U/u** sind **Selbstlaute**.
Alle anderen Laute des Alphabets heißen **Mitlaute**.

1 Lisa hat sich eine **i**-Geheimschrift ausgedacht.
Kannst du die Botschaft an T**i**m entziffern?

> Hilli Tim,
> ich hibi illi Silbstliti dirch i irsitzt.
> Kinnst di dis lisin?
> Lisi

2 Denke dir mit einem anderen Selbstlaut
auch eine Geheimschrift aus und schreibe eine Botschaft!
Halla **A**nna, … Helle **E**mme, … Hollo S**o**fo, …, Hullu **U**lu, …

3 Neuer Selbstlaut – neues Wort!

a B☐ch u	e G☐ld o	o H☐se a
a H☐nd u	a Sch☐le u	i T☐nte a

Schreibe die Namenwörter (Substantive) mit
Begleiter (Artikel) auf!
der Bach – das Buch, …

★ Suche weitere Wörter, die du so verwandeln kannst,
und schreibe sie auf!

4 Setze in die Tiernamen die fehlenden Selbstlaute ein!
Schreibe sie mit Begleiter (Artikel) auf!

Fsch   Hnd   Ktz   Vgl

Zwielaute

Weiß wie Kreide,
leicht wie Flaum,
weich wie Seide,
feucht wie Schaum.

Alle Tage geh ich aus
und bleibe dennoch
stets zu Haus.

Es steckt in eins und zwei und drei,
im Reis, im Fleisch, in jedem Brei.
Der Kuchen schmeckt besonders fein,
rührt man es in den Teig hinein.

1 Lies die Rätsel und löse sie!

2 Achte in den Rätseln auf die unterstrichenen Buchstaben!
Wie viele Laute hörst du?
Wie viele Buchstaben siehst du?

3 Schreibe die Reimpaare auf!
Unterstreiche die Zwielaute **ei**, **au** und **eu**!

die Kreide	das Haus	die Keule	fein	die Mäuse
die Seide	die M…	die B…	kl…	die L…

4 Finde Vornamen mit einem Zwielaut!
Heike, Klaus, …

★ Finde im Wörterverzeichnis einige Wörter, die mit einem Zwielaut beginnen!

ei, **au**, **äu** und **eu** sind **Zwielaute**.
*die Kr**ei**de, das H**au**s, das H**äu**schen, die L**eu**te*

Silben

1 Im Silbenrätsel haben sich Namenwörter (Substantive) mit zwei Silben versteckt. Findet sie!

Re	Krei	Tin	Ta	Schal	Lam	Wo	Schu
pe	te	gal	de	ter	fel	le	che

2 Schreibe die Namenwörter (Substantive) aus dem Silbenrätsel mit ihren Begleitern (Artikeln) auf! Setze Silbenbögen!

die Kreide, …

3 Ordne die Tiernamen in dem Tier-Abc nach Silben!

eine Silbe: Bär, …

zwei Silben: Amsel, …

drei Silben: Dromedar, …

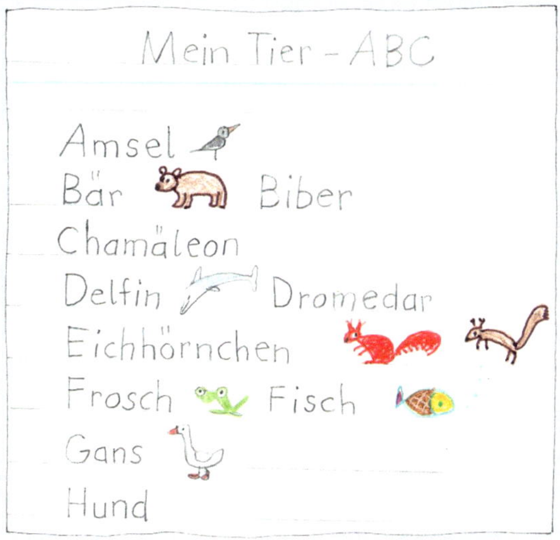

Wörter bestehen aus **Silben**.

Heft, Kreide, Buntstifte

Wörter mit **mehreren Silben** kann man **trennen**.

Krei-de, Bunt-stif-te

Alle meine Buchstaben

Wie sieht dein **Das-mag-ich-Abc** aus? Du kannst auch ein **Das-mag-ich-nicht-Abc** schreiben.

Zu welchen Buchstaben fallen dir auch solche Sätze ein?

Die Geschichte mit dem W

Willi Wiesel hat einen wunderbaren alten Wohnwagen, der am Waldrand steht. Hier wohnt Willi Wiesel. Er ist Förster und passt auf, was im Wald passiert. Zusammen mit Waldi wandert er jeden Tag durch den Wald. Willi Wiesel sagt, er hat einen wunderschönen Beruf. Und der Wald ist auch froh, dass er Willi Wiesel hat.

Wanda

Schreibe zu deinem Lieblingsbuchstaben eine kleine Geschichte!

Schreibanlass: Das-mag-ich-Abc/Das-mag-ich-nicht-Abc;
Sätze oder Geschichten mit Buchstabenvorgaben

Im Herbst

Rote Blätter, gelbe Blätter
tanzen lustig hin und her
und der Wind gibt keine Ruhe,
bis die Bäume alle leer.

Was kannst du auf dem Bild entdecken?
Sammelt gemeinsam viele Herbstwörter!
Was gefällt dir am Herbst besonders?

Wir feiern ein Herbstfest

1 Lest das Gespräch so, dass einer nach dem anderen spricht! Es soll eine sinnvolle Reihenfolge ergeben.

2 Besprecht in eurer Klasse, was für ein Fest ihr feiern wollt!

3 Überlegt gemeinsam, was ihr für euer Fest benötigt!

4 Schreibt eure Ideen auf ein großes Blatt Papier!

5 Macht einen Arbeitsplan! Verteilt die Aufgaben!

Was ?	Wer ?
Obst mitbringen	Leon, Maria
Herbstblätter sammeln	alle
Kastanien sammeln	alle

Wir bereiten Salate vor

Paul und Emma wollen einen Obstsalat machen.
Folgende Früchte haben sie dafür mitgebracht:

1 Was haben Paul und Emma einmal, was mehrere Male? Die Sammelwörter helfen dir. Schreibe so:

einmal (Einzahl)	mehrere Male (Mehrzahl)
eine Zitrone	zwei Äpfel
…	…

2 Bilde Paare! Nutze die Sammelwörter!

der Apfel – die Äpfel
… – die Birnen
… – die Zitronen
der Pfirsich – …

3 Markiere, was sich in den Mehrzahlformen in Aufgabe 2 verändert!

★ Sammle Rezepte für Salate!

der Apfel
die Äpfel

die Zitrone
die Zitronen

der Pfirsich
die Pfirsiche

die Banane
die Bananen

die Birne
die Birnen

die Pflaume
die Pflaumen

ein
eine
zwei
drei
vier

Namenwörter (Substantive) können in der **Einzahl** und in der **Mehrzahl** stehen. In der **Mehrzahl** heißt der **Begleiter (Artikel)** immer **die**.
*der Apfel – **die** Äpfel, die Gurke – **die** Gurken, das Brot – **die** Brote*

Wie die Dinge im Herbst sind

Das erste Blatt ist gelb,
das zweite Blatt ist rot,
das dritte Blatt ist braun.
Sie liegen unterm Baum –
gelbes Blatt,
rotes Blatt,
braunes Blatt.

Da kommt ein Wind,
lässt sie tanzen geschwind,
gelb, rot und braun –
um den Baum.

Rosemarie Künzler-Behncke

1 Lies das Gedicht!
Finde dafür eine passende Überschrift!

2 Sammelt Herbstfrüchte und legt sie in einen Tastsack!

3 Greift in den Tastsack!
Fühlt, **wie** die Dinge sind!
Beschreibt sie!
Wer kann sie erraten?

Es ist rund und glatt – eine Kastanie.

4 Schreibe auf, **wie** die Dinge sind!
Unterstreiche die eingesetzten Wörter grün!
Die Kastanie ist <u>rund</u> und <u>glatt</u>.
Die Feder ist … und …
Die Eichel ist … und …
Die Rinde ist … und …

rund
glatt
zart
länglich
rau
weich
fest
klein
gelb
braun
grün
bunt

Manche Wörter sagen, **wie** die Dinge sind.
Sie heißen **Eigenschaftswörter (Adjektive)**.
*der Apfel – der **süße** Apfel – Der Apfel ist **süß**.*
*die Nüsse – die **harten** Nüsse – Die Nüsse sind **hart**.*

Herbsträtsel

In der schönen Erntezeit,
leuchten meine Backen weit.
Mein Bauch ist groß und kugelrund,
mich zu essen ist gesund.
Hoch im Baume hänge ich,
ratet Kinder, kennt ihr mich?

Ich bin grün
und werde braun.
Ich trage ein Hütchen
und falle vom Baum.

Die Schale ist hart,
doch gut schmeckt der Kern.
Im Herbst und im Winter
zerknackst du sie gern.

1 Lies die Rätsel und löse sie!

2 Suche ein Rätsel aus und schreibe es ab!
Unterstreiche die Eigenschaftswörter (Adjektive) grün!

3 Wie sind die Dinge? Die Sammelwörter helfen dir.
Schreibe so:
Der Baum ist groß. – ein großer Baum

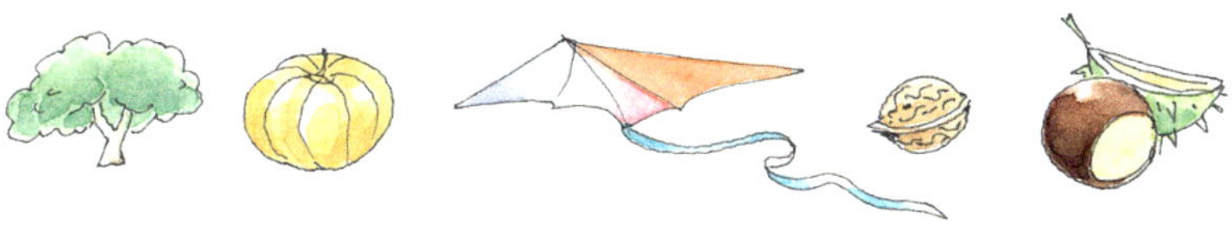

der Baum
der Kürbis
der Drachen
die Nuss
die Kastanie
groß
reif
lustig
hart
braun

4 Unterstreiche die Eigenschaftswörter (Adjektive) in Aufgabe 3 grün!

5 Spielt gemeinsam das Spiel „Ich sehe was, was du nicht siehst“. Verwendet dabei viele verschiedene Eigenschaftswörter (Adjektive)!

★ Beschreibe diese beiden Pilze genau!

Steinpilz

Heringstäubling

Ein kleines Igelprojekt

*Lisa und Benni spielen im Garten.
Plötzlich läuft ein Igel aus der Hecke heraus.
Lisa wundert sich, denn sie weiß,
dass Igel am Tag eigentlich schlafen. Sie möchte
den Igel mitnehmen, aber Benni will erst Opa fragen.
Da verkriecht sich der kleine Igel in einem Haufen Laub.
Opa erzählt den Kindern, dass sich der Igel
einen Schlafplatz für den Winter sucht.*

*Lisa und Benni erzählen ihr Erlebnis im Morgenkreis.
Die anderen Kinder wollen mehr über den Igel wissen.*

1 Was wisst ihr schon über Igel?

2 Was willst du über den Igel wissen?
Schreibe deine Fragen auf!

Warum halten Igel Winterschlaf?
Was fressen Igel?
Das sind **Fragesätze**.
Den **Satzanfang** schreibt man **groß**.
Am Ende setzt man ein **Fragezeichen**. ?

Fragesatz/Fragezeichen kennen lernen;
Vorwissen austauschen; eigene Fragestellungen entwickeln
AH S.10

Wir suchen Antworten im Lexikon, in Büchern und Zeitschriften.

Der Igel

Ein Igel wird 30 Zentimeter lang und 1 Kilogramm schwer. Er hat sehr viele spitze Stacheln, mit denen er sich schützen kann. Bei Gefahr rollt er sich einfach zusammen.

Junge Igel haben sehr weiche Stacheln. Ein Igel frisst Würmer und Insekten, aber besonders gern frisst er Schnecken. Darum ist er nützlich.
Igel leben in Parks und Gärten.
Im Herbst verstecken sie sich in einem Laubhaufen und halten Winterschlaf.

1 Findet im Text die Antworten zu den Fragen von Leon, Lena, Alexander und Lisa!

2 Schreibe die Fragen und die passenden Antworten auf!

3 Welche Antworten hast du auf deine eigenen Fragen gefunden? Schreibe Sätze auf!
Igel …

★ Bilde aus diesem Satz eine Frage!
Bei Gefahr rollt sich der Igel zusammen.

4 Über den Igel gibt es viele Geschichten.
Sucht nach Büchern und Geschichten über den Igel!

Der Igel frisst Würmer und Schnecken.
Im Winter hält er Winterschlaf.
Das sind **Aussagesätze**.
Den **Satzanfang** schreibt man **groß**.
Am Ende setzt man einen **Punkt**. .

Wörter sammeln in der Wörterkiste

Mit einer Wörterkiste kannst du Wörter **sammeln**, **ordnen** und **üben**.
Du brauchst eine Kiste mit vier Fächern und viele kleine Kärtchen.

Schreibe auf jedes Kärtchen ein Wort!
Schreibe bei Namenwörtern (Substantive) den Begleiter (Artikel) dazu!
Nutze die Wortleisten!
Stelle nun alle Wortkärtchen in das erste Fach!

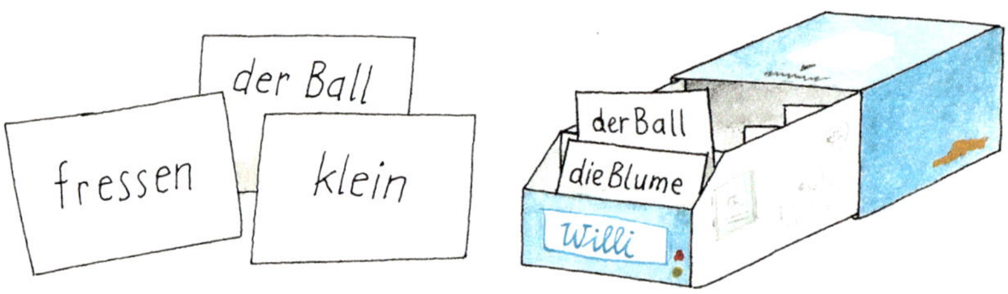

TIPP **So schreibst du ein Wort ab:**

- Lies das Wort genau!
- Sprich das Wort deutlich!
- Schreibe es auf!
- Vergleiche!

Wörter üben mit der Wörterkiste

Nimm aus dem ersten Fach eine Karte!
Lies das Wort genau!

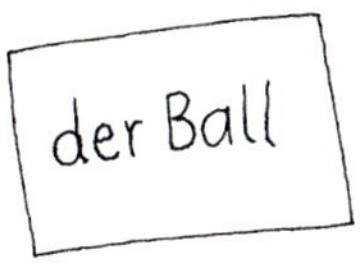

Drehe die Karte um! Schreibe das Wort auswendig in dein Heft!
Sprich dabei leise mit!

Vergleiche, ob du das Wort
richtig geschrieben hast!

Ist es **richtig**?
Dann stelle die Karte in das zweite Fach!

Ist es **falsch**?
Dann streiche das Wort mit dem Lineal durch!
Schreibe es noch einmal richtig ab und
stelle die Karte wieder in das erste Fach!

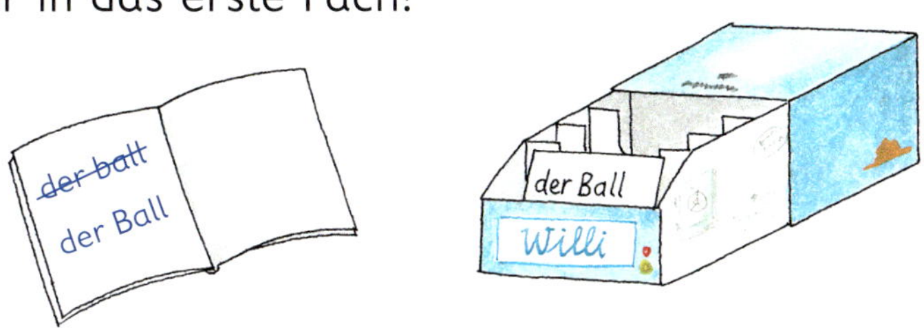

Beginne von vorn, bis alle Wörter im letzten Fach sind!

B/b, D/d, G/g am Wortanfang

1 Schreibe auf, welche Dinge du im Bild siehst!
Ich sehe einen …, ein …, drei …,
drei … und vier …

2 Wie können diese Dinge sein?
das Gras, der Himmel, die Birne,
das Blatt, die Blume
Schreibe so: *Das Gras ist grün.*
das grüne Gras

3 Suche im Wörterverzeichnis die Mehrzahlformen!
der Baum – die Bäume
das Dorf – …
das Gras – …
der Garten – …

4 Markiere, was sich in den Mehrzahlformen in Aufgabe 3 verändert!

5 Setze **ä**, **ö** oder **ü** richtig ein!

die B■lle, die D■rfer, die D■cher, die Bl■tter, die Gr■ße

der Baum
die Birne
der Bauer
das Brot
die Blume
das Dorf
das Gras
das Gemüse
der Garten

bleiben
brauchen
dürfen

bunt
grün
blau
gelb

dort
drei

Manchmal werden in der Mehrzahl
aus den **Selbstlauten** **a, o, u**
die **Umlaute** **ä, ö, ü.**
Aus **au** kann **äu** werden.
das Blatt – die Blätter, das Dorf – die Dörfer,
der Gruß – die Grüße, der Baum – die Bäume

B/b, D/d, G/g am Wortanfang:
Umlaute kennen lernen; Adjektive zuordnen; Plural bilden

K/k, P/p, T/t am Wortanfang

1 Setze Wörter der Wortleiste ein:
Draußen ist es …
Die … wollen ihren Drachen steigen lassen.
Sie … den Wind.

der Kasten
die Tante
die Tafel
die Tasche
die Tür
das Kind
die Kinder
der Plan
prüfen
kalt
klein

2 Schreibe die Sätze richtig auf!
Markiere **K/k** am Wortanfang!

Draußen ist heute kleines Wetter.
Ich spiele mit meiner kalten Schwester.
Wir spielen Mutter und Kasten.
Die Bausteine liegen im Kind.

3 Überlege, ob du die Wörter in der Schlange großschreiben oder kleinschreiben musst!
Schreibe richtig: *der Plan, kalt, …*

TIPP **So schreibst du ein Laufdiktat:**
- **Laufe leise** zum Text!
- **Lies** den ersten Satz!
- **Merke** dir die Wörter bis zum Strich oder den ganzen Satz!
- **Schreibe auf,** was du dir gemerkt hast!
- **Übe** so alle Sätze!
- **Vergleiche** zum Schluss jedes Wort!

Zum Üben

Im Herbst
Im Garten der Tante/ist es kalt.
Die drei Kinder/dürfen/gelbe Birnen ernten.
Sie brauchen/eine Tasche.

Herbstgedichte

Elfchen

Herbst
bunte Blätter
sie tanzen lustig
ich sehe ihnen zu
Blättertanz

frisch
der Wind
er bläst heftig
ich verliere meine Mütze
Herbstwind

Dichte auch ein Elfchen!
Denke dabei an die elf Wörter!
Du kannst mit einem Namenwort (Substantiv) oder einem Eigenschaftswort (Adjektiv) beginnen.

Herbst-Wörter und Herbst-Sätze

Suche dir ein Wort aus: **Apfel**, **Birne**, **Ernte!**
Du kannst auch ein eigenes Herbstwort wählen!
Schreibe damit Herbst-Wörter oder Herbst-Sätze so wie hier mit dem Wort **NEBEL**:

N	**N**üsse	**N**üsse liegen im Gras.
E	**E**rntefest	**E**s ist kühl geworden.
B	**B**lätter	**B**unte Blätter fallen.
E	**E**ichhörnchen	**E**rnten wir heute Äpfel?
L	**L**aterne	**L**aub raschelt auf dem Weg.

Miteinander leben

Weißt du,
was Oma und Opa machen?
Sie sprechen,
flüstern und lachen.
Sie plaudern,
nuscheln und brummen
und kichern,
erzählen und summen.

Alfons Schweiggert

Was erfahrt ihr über die Familien auf den Bildern?
Sprecht zu den Bildern!

In meiner Familie tut jeder etwas

Florian stellt seine Familie in einem Familienbuch vor.

der Vater
die Mutter
die Eltern

der Bruder
die Schwester
die Geschwister

der Opa
die Oma
die Großeltern

1 Wer gehört zu deiner Familie?
Schreibe es auf und male dazu!

2 In Florians Familie will jeder etwas anderes tun.
Setze die passenden Sammelwörter ein!

Papa will Spagetti …
Oma will die Blumen …
Julia will ein Buch …
Tinka will mit dem Ball …
Mama will am Computer …

lesen
spielen
kochen
gießen
schreiben

3 Stellt ohne Worte dar, was ihr gerne macht!

Wörter, die sagen, was jemand tut, heißen
Tätigkeitswörter (Verben).
Im Wörterbuch stehen sie in der **Grundform (Nennform).**
arbeiten, lesen, spielen

 eigene Erfahrungen erzählen und aufschreiben;
Verben kennen lernen und pantomimisch darstellen

AH S.14

Familienplan

1 Wer macht was?
Erzählt, wie die Aufgaben in Florians Familie verteilt sind!

2 Schreibe auf, was Florian und Julia zu tun haben!
Setze passende Sammelwörter ein!

Julia ◯ die Blumen.

Sie ◯ den Tisch.

Florian ◯ den Mülleimer.

Er ◯ das Geschirr.

gieß**en**
sie gieß**t**
deck**en**
sie deck**t**
leer**en**
er leer**t**
spül**en**
er spül**t**

3 Umkreise alle eingesetzten Tätigkeitswörter (Verben)!
Vergleiche sie mit der Grundform (Nennform)!
Was fällt dir auf?

★ Welche Aufgaben hast du in deiner Familie?
Schreibe Aussagesätze!

Tätigkeitswörter (Verben) verändern sich im Satz.
Grundform (Nennform): *kaufen;*
gebeugte Form (Personalform): *Ich kauf**e** Obst. Er kauf**t** Obst.*

Julias Einladung zum Geburtstag

Julia hat bald Geburtstag. Sie hat eine Einladung geschrieben.

1 Julias Freunde haben noch viele Fragen. Was fehlt auf Julias Einladung?

2 Schreibe eine Einladung für Julias Geburtstag! Beachte den Tipp!

TIPP **Eine Einladung gibt Auskunft über:**

- den Anlass – **Was?**
- die Zeit – **Wann?**
- den Ort – **Wo?**
- den oder die Gastgeber – **Wer?**

EINLADUNG

Was? → *zu meinem Geburtstag*

Wann? → **Tag:** 6. Juni
Zeit: 15.00 Uhr

Wo? → **Ort:** Lindenstr. 40

Viele Grüße

Wer? → *Tim*

★ Gestalte selbst eine Einladung! Es kann auch eine Einladung zu einem anderen Fest sein.

Merkmale einer Einladung erarbeiten;
eine eigene Einladung schreiben

Julia plant ihre Geburtstagsfeier

Damit Julia nichts vergisst, schreibt sie für sich und Mutti einen Merkzettel.

Mein Merkzettel:
Spiele vorbereiten,
den Tisch decken,
Papier und Stifte hinlegen

Merkzettel
für Mutti:
Zimmer schmücken,
Kuchen backen

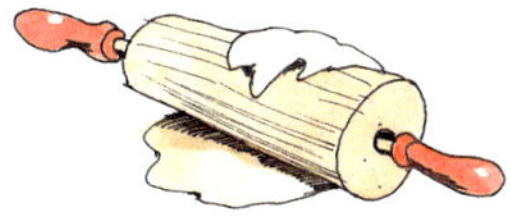

1 Was müssen Julia und ihre Mutti für die Geburtstagsfeier vorbereiten?

TIPP Auf einen Merkzettel schreibt man keine Sätze, sondern nur **kurze Stichpunkte**.

2 Überlege, was du für deinen Geburtstag oder ein anderes Fest vorbereiten musst! Schreibe einen Merkzettel!

Julia möchte an ihrem Geburtstag ihr Lieblingsspiel spielen. Es heißt:
Onkel Fritz | sitzt | fröhlich | in der Badewanne.

1. Wer?	2. Was?	3. Wie?	4. Wo?
Onkel Fritz	sitzt	fröhlich	in der Badewanne.
Tante Ulla	steht	gelb	unter dem Bett.

3 Findet heraus, wie das Spiel gespielt wird! Probiert das Spiel aus!

★ Schreibe Spiele auf, die du gern auf Geburtstagen spielst!

Den Computer kennen lernen

Am Computer kannst du schreiben, spielen, lernen, dich informieren…
Dazu musst du wissen, wie du ihn bedienen kannst.

Löschtaste
Damit kannst du Buchstaben „ausradieren“.

Zeichentasten
Damit schreibst du.

Umschalttasten
Damit kannst du zwischen großen und kleinen Buchstaben umschalten oder Zeichen wie **!**, **?** und **:** schreiben.

Leertaste
Damit bekommst du einen Abstand zwischen zwei Wörter.

Eingabetaste
Damit kannst du eine neue Zeile beginnen.

Am Computer schreiben

TIPP **So arbeitest du am Computer:**

- Schalte den Computer ein!
  Drücke dazu auf den Startknopf!
- Klicke mit der Maus zweimal auf
  das Symbol deines Textprogramms!
- Gib deinen Text ein!
  Wähle dazu eine Schrift und
  eine Schriftgröße aus, die dir gefällt!
- Denke zwischendurch immer daran zu speichern!
- Zum Schluss kannst du ausdrucken.

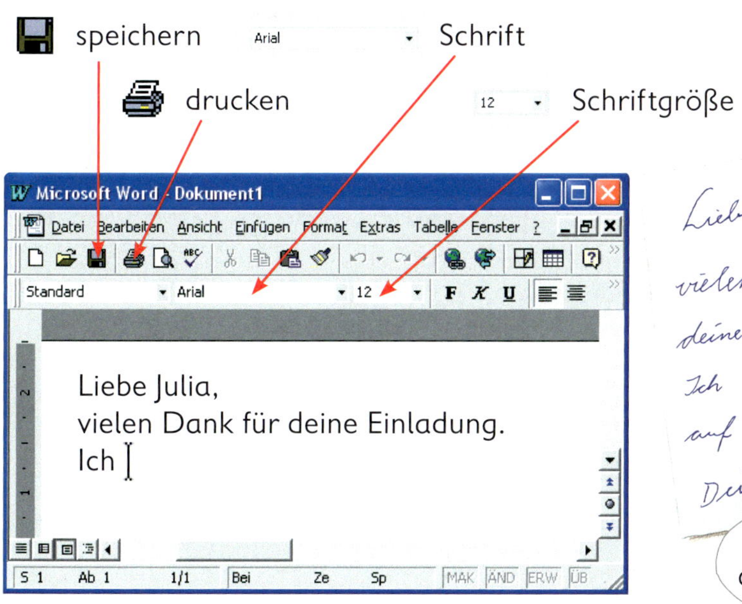

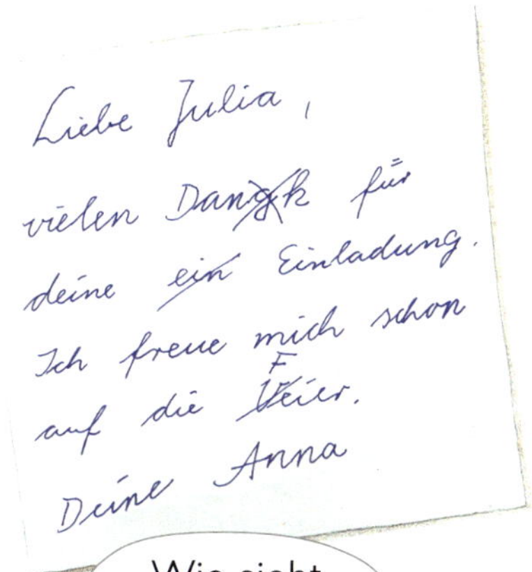

1 Schreibe Annas Brief mit dem Computer ab!
Die Bilder und Erklärungen helfen dir.

★ Gestalte den Brief!
Wähle dazu eine passende Schriftart und Schriftgröße!

V/v am Wortanfang

der Vater
der Vogel

voll
viel

vom
von
vor
vier

1 Lies die Wörter
in der Wortleiste vor.
Wie klingt **V/v**?

2 Ergänze in den Sätzen die Wörter
von, vier, voll:
Vater kommt … der Arbeit. Auf dem Tisch
stehen … … Gläser und … … Teller.

3 **vom** oder **von**? Schreibe fünf Aussagesätze!
Willi kommt von der Bahn. Willi kommt vom Kino. …

Willi	kommt	von vom	Bahn Kino Bäcker Schule Zug

★ Suche Zahlwörter, die mit **v** beginnen!
Wie viele Zahlwörter bis 100 findest du?

4 Wie klingt **V/v** in den versteckten Wörtern?
Schreibe sie auf und ordne so:
V/v wie in Vater: …
V/v wie in Vampir: …

naklu V  esaV  legoV 

reiv  litneV  dnabreV 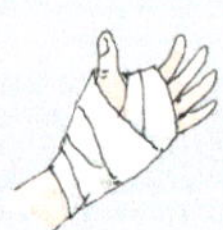

Sch/sch am Wortanfang

1 Setze passende Wörter aus der Wortleiste ein!

Das Gegenteil von langsam ist …
Der Bruder hat eine …
Die Sonne …
Man lernt in der …

2 Schreibe die Wortgruppen richtig auf!

im Heft schlafen,
im See schreiben,
im Bett schwimmen

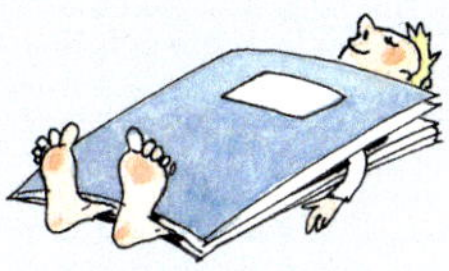

★ Bilde sinnvolle Wortgruppen mit **schlafen**, **schreiben** und **schwimmen**!

3 Suche die Eigenschaftswörter (Adjektive) **schwarz** und **schwer** im Wörterverzeichnis!
Schreibe ab, was bei den **Stichwörtern** steht!

die Schwester
die Schule
schreiben
er schreibt
schwimmen
sie schwimmt
schlafen
er schläft
scheinen
sie scheint
schwarz
schnell
schwer

TIPP

So berichtigst du:
- Dieses Zeichen | heißt Fehler: *er schwimt* |
- Überlege, was falsch ist!
- Suche das Wort im Wörterbuch! **schwimmen**
- Schreibe alles ab, was bei dem Stichwort **schwimmen** steht! *schwimmen, du schwimmst, …*
- Markiere die Stellen, die für dich schwierig sind!

Zum Üben

Am Nachmittag
Sascha und seine Schwester/holen Fater |
von der Arbeit ab. Heute kaufen sie ein. Lisa bekommt
schwarze Schuhe. Sascha tregt/die schwere Tasche. |

b in der Wortmitte

1 Schreibe die Sätze ab!
Markiere, was bei **üben** immer gleich bleibt!

Ich **üb**e mit dir.
Du **üb**st mit mir.
Er **üb**t allein.
Wir **üb**en zusammen.
Ihr **üb**t auch.
Sie **üb**en heute.

arbeiten
er arbeitet
üben
sie übt
bleiben
er bleibt
geben
er gibt
schreiben
sie schreibt

2 Setze die gebeugte Form (Personalform) von **schreiben** ein!

Alle ( ).
Mama ( ) am Computer. Sie ( ).
Papa ( ) eine Einladung. Er ( ).
Das Kind ( ) einen Brief. Es ( ).

3 Schreibe die Grundform (Nennform) auf!
Achte darauf, wie **b** in den Wortpaaren klingt!

ihr lebt – … | *sie hebt – …*
du bleibst – … | *er lobt – …*

★ Bilde alle Formen von geben! Was fällt dir auf?
ich gebe, du …, er …, wir …, ihr …, sie …

Tätigkeitswörter (Verben) haben einen **Wortstamm** und eine **Endung**. Der Wortstamm bleibt gleich, die Endungen ändern sich.
*bleib**en** – Ich bleib**e** hier. Du bleib**st** weg.*

Wortstamm **Endung**

g in der Wortmitte und am Wortende

der Tag
der Weg
der Wagen
der Zug
fragen
er fragt
legen
sie legt
liegen
er liegt
zeigen
sie zeigt
sagen
er sagt
tragen
sie trägt
morgen

1 Setze passende Wörter aus der Wortleiste ein!

nicht heute, sondern …
nicht antworten, sondern …
nicht stehen, sondern …
nicht holen, sondern …

2 Trenne die Wörter der Wortleiste nach Silben!
Welche Wörter kannst du nicht trennen?

der Wa-gen, …

3 Setze **liegen**, **zeigen**, **legen** in der gebeugten Form (Personalform) ein!

Die Münze ◯ in der Schachtel.
Viktor ◯ sie den anderen.
Dann ◯ er sie wieder zurück.

★ Schreibe den Satz richtig auf!
Kontrolliere mit dem Wörterbuch!

Der Hund trin■t und le■t sich hin.

4 Bilde die Einzahl! Die Wortleiste hilft dir dabei.

Mehrzahl	*Einzahl*
die Tage	…
die Wege	…
die Züge	…

5 Lies die Wörter aus Aufgabe 4 in der Einzahl!
Wie klingt das **g** am Ende?
Was schreibst du?

Familiengeschichten

Für Yunus ist es gar nicht so leicht sich zu merken, aus welchen Ländern seine Omis und Väter kommen. Da kann man schon leicht den Überblick verlieren. Deshalb basteln Yunus und Maike ein Buch. Ein richtiges Familienbuch.

Jedes Kind in der Klasse hat aufgeschrieben, was es gern mit seiner Familie macht. Daraus gestalten sie ein Buch:

Am Sonntag holt mich mein Vati immer ab.
Am liebsten gehe ich mit ihm angeln.
Robert

Im Sommer macht unsere ganze Familie ein Picknick auf einer Wiese. Ich darf meine Freundin einladen.
Jasmin

Am Samstag gehen wir oft in den Zoo. Ich habe Tiere sehr gern.
Boris

Mark hat ein Geheimnis aufgeschrieben:

Wir bekommen ein Baby.

Es wird ein Junge, sagt Mama.

Ich darf den Namen mit aussuchen.

Aber das ist noch ein Geheimnis.
Mark

★ Was möchtest du von deiner Familie erzählen, malen oder aufschreiben?

Märchenzeit

Mit dem Körbchen eilt das Kind
zu der Oma ganz geschwind,
bringt ihr Blumen, Kuchen, Wein.
„Liebe Oma, lass mich rein!"
Doch da tönt es
aus dem Häuschen:
„Knusper, knusper,
knusper,
knäuschen!"

Rolf Krenzer

Welche Märchen erkennst du auf dem Bild?
Erzähle eines davon!

Ein Märchen erzählen

> ***Märchen***
> *Vor langer, langer Zeit saßen die Menschen abends oft beisammen und erzählten sich Märchen. Später haben die Brüder Grimm viele Märchen gesammelt und aufgeschrieben. Seitdem kann man sie auch lesen.*

Rotkäppchen

Es war einmal ein kleines Mädchen.
Das hatten alle lieb, besonders die Großmutter.
Sie schenkte ihm ein rotes Käppchen.
Nun hieß das Mädchen nur noch Rotkäppchen.
Eines Tages sprach die Mutter:
„Rotkäppchen, hier ist Kuchen und Wein.
Bring das der Großmutter!
Sie ist krank und schwach.
Und wenn du durch den Wald läufst,
geh nicht vom Wege ab!“
„Ich will schon alles gut machen“,
versprach Rotkäppchen.

nach den Brüdern Grimm

1 Was sagt die Mutter zu Rotkäppchen? Lies vor!

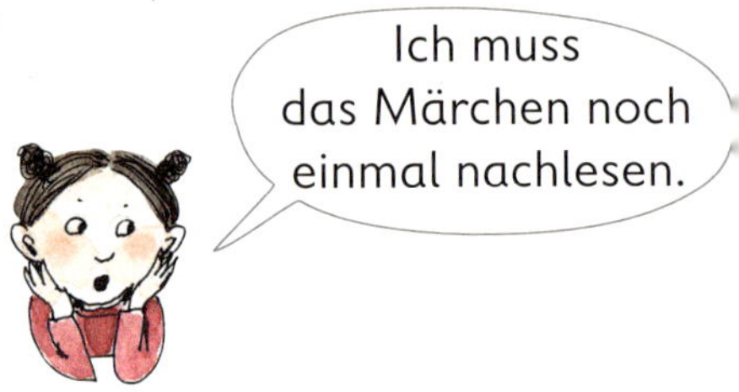

2 Erzählt, wie das Märchen weitergeht!

★ Kennst du weitere Märchen, in denen ein Wolf vorkommt? Erzähle eines!

Ein Märchen spielen

1 Ihr möchtet das Märchen gerne vorspielen? Besprecht, was alles zu beachten ist!

TIPP **Überlegt gemeinsam:**

- Wie viele Kinder werden gebraucht?
- Wer spielt welche Rolle?
- Welche Kostüme tragen wir?
- Welche Dinge brauchen wir?
- …

2 Legt euch eine Liste an, um die Fragen zu beantworten!

Name	Rolle	Kostüme	Requisiten
Anna	Rotkäppchen	rote Mütze Kleid	Korb Kuchen Flasche
…	…	…	…

3 Welche Sprechblase passt zu welchem Bild? Ordne zu!

Aber Großmutter, was hast du für große Füße?

Das ist ein Blumenstrauß für meine Großmutter.

Rotkäppchen, hier ist noch eine Flasche Wein. Bring sie der Großmutter!

4 Bildet Spielgruppen! Denkt euch Gespräche zum Märchen Rotkäppchen aus und übt sie ein!

5 Spielt vor, was ihr eingeübt habt!

Der Löwe und der Hase – ein Märchen aus Afrika

Der Hase war einmal des Löwen Knecht, und was der Löwe sagte, musste der Hase tun. Der arme Hase wusste bald nicht mehr, was links und was rechts war.
Und eines Tages geschah es. Er vergaß, warum ihn der Löwe in die Stadt geschickt hatte. In seiner Angst vor dem Herrn kehrte der Hase lieber gar nicht erst zurück. Der Löwe wartete. Er wurde wütend und schickte Soldaten aus. Die fingen den Hasen und schleppten ihn vor den Löwen.

 „Wo hast du dich herumgetrieben?“  „Ich traf einen anderen Löwen. Der war noch stärker als du und hielt mich fest und zwang mich in seinen Dienst.“  „Du lügst! Wo ist dieser Kerl?“  „Na, da und da!“
 „Los, gehen wir zu ihm!“

1 Lies den Anfang des Märchens!
Wie behandelt der Löwe den Hasen?

2 Lest das Gespräch zwischen dem Hasen und dem Löwen!

★ Erzähle das Märchen zu Ende! Die Bilder und die Sammelwörter helfen dir dabei.

das Spiegelbild
laufen
sie liefen
sehen
er sah
brummen
er brummte
springen
er sprang
ertrinken
er ertrank
freuen
er freute sich

3 Welche Eigenschaften passen zum Löwen?
Welche zum Hasen?
Der Löwe ist groß, ...
Der Hase ist klein, ...

ängstlich
listig
groß
stark
klein
schwach
herrschsüchtig

4 Der Löwe denkt sich viele Aufforderungen
für den Hasen aus.
Lies mit passender Betonung!

5 Schreibe die Sätze ab!
Denke an das Ausrufezeichen am Satzende!

6 Denke dir Aufforderungssätze
für den Löwen aus
und schreibe sie auf!
Putz meine ...!
Kämm mir ...!
Bring mir ...!
Hole ... Mach ... Geh ...

Lauf nicht so schnell! Komm pünktlich!
Das sind **Aufforderungssätze**.
Mit einem **Aufforderungssatz** fordert man zu etwas auf.
Den **Satzanfang** schreibt man **groß**.
Am Ende steht ein **Ausrufezeichen**. !
Ein **Ausrufezeichen** steht auch nach **Ausrufen**: *Hallo! Hilfe!*

d in der Wortmitte und am Wortende

Der Wind, der Wind,
das himmlische K...

Spieglein, Spieglein an der Wand,
wer ist die Schönste im ganzen L... ?

das Bad
die Hand
das Land
der Sand
der Wald
das Geld
der Wind
das Kind
der Hund

wieder
bald

1 Schreibe die Märchenverse ab und ergänze sie!
Unterstreiche die Reimpaare!

2 Reime weiter!

das Land	der Mund
der S...	r...
...	...

3 Lies deine Reimwörter vor! Was hörst du am Wortende?
Was schreibst du?

4 Bilde die Einzahl!
Der Detektiv und die Wortleiste helfen dir dabei.

Mehrzahl	Einzahl
die Bäder	das Bad
die Wälder	der ...
die Hände	...
die Kinder	...

5 **d** oder **t**? Setze richtig ein:

die Räuber im Wal■ belauschen, Gel■ in der Tasche haben,

einen bunten Hu■ aufsetzen, Stroh zu Gol■ spinnen

★ Überlege, wie du die Wörter **wieder** und **bald** üben könntest.

Wörter mit ch

1 Lies die Wörter der Wortleiste! Wie klingt **ch**?

2 Ergänze die Reimwörter und schreibe den Text auf!

Die Tiere machen Sachen,
da muss ich aber l...
Der Affe liest ein B...
Der Esel trägt ein T...

3 Die sieben Zwergen fragten:

„Wer hat auf meinem Stühlchen gesessen?"
„Wer hat von meinem Tellerchen gegessen?"
„Wer hat von meinem Brötchen genommen?"
„Wer hat aus meinem Becherlein getrunken?"
„Wer hat ... ?"

Schreibe so:

das Stühlchen, der Stuhl
das Teller..., der Teller

die Küche
das Buch
der Kuchen
die Milch
das Tuch

lachen
er lacht
machen
sie macht

weich

TIPP **So schreibt man ein Partnerdiktat:**

- Dein Partner diktiert langsam und deutlich.
- Höre gut zu und schreibe!
- Wenn dein Partner einen Fehler sieht, sagt er: „Stopp"! Sprecht über den Fehler!
- Lies zum Schluss alles genau durch!
- Vergleicht gemeinsam mit dem Buch!

Zum Üben

Aus dem Märchenbuch
Rotkäppchen/bringt der Großmutter/
Wein und Kuchen. In der Hand/trägt es
einen Korb/und bunte Blumen.
Im Wald fragt bald/der Wolf nach dem Weg.

Märchengeschichten

Georg hat ein Leporello zum Märchen „Rotkäppchen" gestaltet.

Ich lese gern Märchen, da gibt es so schöne Wörter: Prinzessin Tausendschön, …

Räuber Hotzenplotz, …

Falte einen Papierstreifen wie eine Ziehharmonika.

★ Gestalte auch ein Leporello zu einem Märchen!

Ich bastle „Die Bremer Stadtmusikanten".

★ Ihr könnt für das Märchen auch Stabpuppen basteln und es damit spielen.

Schreibanlass: Märchenleporello;
Stabpuppen zu einem Märchen basteln

Im Winter

Es schneit, hurra, es schneit!
Schneeflocken weit und breit!
Ein lustiges Gewimmel
kommt aus dem grauen Himmel.

Winterzeit – Weihnachtszeit!
Worauf freust du dich?

Im Schnee spielen

der Schnee
der Schneemann
die Schneefrau
der Schneeball
die Schneeflocken
der Schlitten

holen
er holt
bauen
sie baut
rollen
er rollt
frieren
er friert
tauen
es taut
er taut
schneien
es schneit

weiß
kalt

1 Erzähle zu den Bildern!
Schreibe zu jedem Bild einen Satz auf!

2 Finde Wörter mit dem Wort **Schnee**:
der Schneemann, die …

★ Erkläre die Wörter aus Aufgabe 2 so wie im Merksatz!

Mit **zusammengesetzten Namenwörtern (Substantiven)**
kann man Dinge genauer bezeichnen.
der ***Mann****, der* ***Schnee*** → *der* ***Schneemann***
Ein ***Mann*** *aus* ***Schnee*** *ist ein* ***Schneemann****.*

Vögel im Winter

Die Kohlmeise

Im Winter kommt die Kohlmeise regelmäßig ans Futterhäuschen. Sie hat einen gelben Bauch mit einem schwarzen Streifen. Hals und Kopf sind schwarz. Unter dem Auge hat sie einen weißen Fleck. Man kann sie leicht von der Blaumeise unterscheiden. Die Blaumeise hat einen blauen Schwanz und einen schwarzen Streifen quer über dem Auge. Beide Meisenarten fressen Fett und Sonnenblumenkerne besonders gern.

1 Lies den Text! Woran erkennst du die Kohlmeise? Schreibe die passenden Sätze ab!

2 Welche Futterstellen sind abgebildet?
Schreibe so: *1. die Futterglocke, 2. …*

füttern
das Futter
die Futterglocke
das Futterhaus
der Futterring
der Futterspender

der Vogel
die Vögel
das Vogelfutter

3 Welches Futter kennst du?
Schreibe so: *das Vogelfutter, das Hunde …*

★ Finde heraus, was man beim Füttern der Vögel im Winter beachten muss! Schreibe es auf!

Ich wünsche mir zu Weihnachten …

Lieber Weihnachtsmann,
ich wünsche mir so sehr einen Gameboy
und das Kuscheltier Pikachu.
Über ein Buch freue
ich mich auch sehr.
Viele liebe Grüße
deine Marie

Ich wünsche mir zu
Weihnachten für alle
Kinder mehr zu essen und
dass sie spielen können.
Sonst nix.
Annabell

Lieber Weihnachtsmann,
ich habe einen ganz, ganz
großen Wunsch. Jakob soll
mich nicht mehr
ärgern.
Das wünscht sich
Paul

1 Was wünschen sich die Kinder?

2 Schreibe einen eigenen Wunschzettel!

3 Ordne die Wörter in eine Tabelle!
Unterstreiche immer den Wortstamm!

backen	wünschen
die Bäckerei	der Wunschbrief

der Wunschbrief · die Bäckerei · er backt
das Backrezept · der Wunsch · das Gebäck
der Glückwunsch · der Backofen

Wörter mit **gleichem Wortstamm** gehören zu einer **Wortfamilie**.

wünsch en	back en
der Wunsch	der Bäck er
der Wunsch zettel	der Back ofen
ge wünsch t	ge back en

Wortstamm

sich über Wünsche auseinandersetzen; Wunschzettel schreiben;
Wortfamilien kennen lernen; Wörter nach Wortfamilien ordnen
AH S. 26

In der Weihnachtsbäckerei

Selbst gebackene Plätzchen sind ein schönes Geschenk.

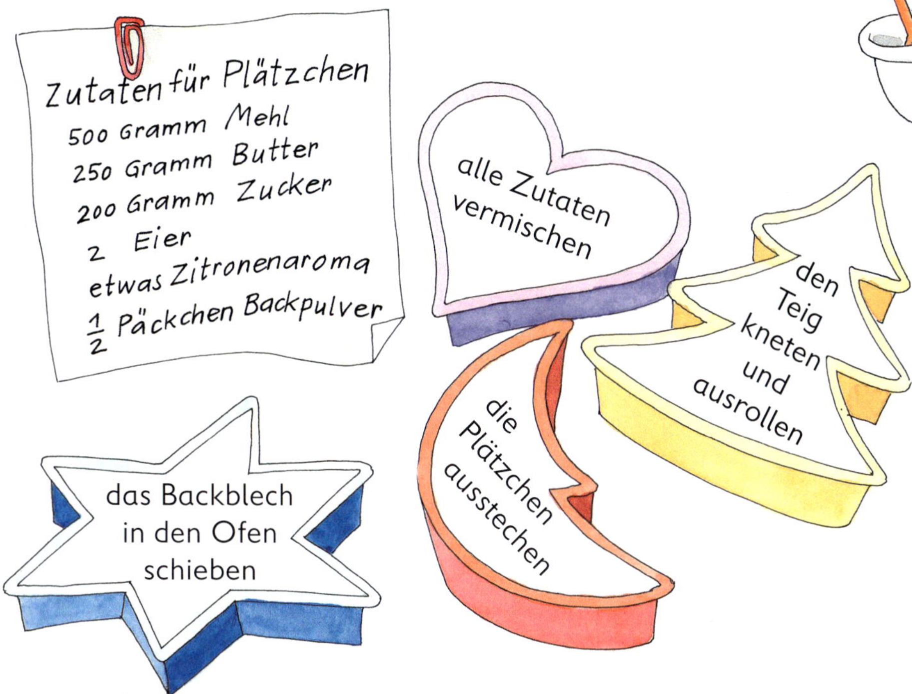

1 Schreibe in der richtigen Reihenfolge auf, wie du Plätzchen backst!
Die Bilder helfen dir.
Zuerst stelle ich alle Zutaten bereit.
Dann vermische …
Danach …

zuerst
dann
danach
als Nächstes
nun
zuletzt

TIPP
- Verwende unterschiedliche Satzanfänge!
- Beachte die richtige Reihenfolge der einzelnen Arbeitsschritte!

2 Backt die Plätzchen nach dem Rezept!

★ Schreibe dein Lieblingsrezept auf!

Kurze und lange Selbstlaute

1 Lies die Wortpaare!
Achte in jedem Wort auf den ersten Selbstlaut!
Klingt er kurz oder lang?

Hund – Fass – Wasser – Bad
Huhn – Glas – Wagen – Ball

2 Schreibe die Wörter aus Aufgabe 1 auf!
Markiere die kurzen Selbstlaute (.)
und die langen Selbstlaute (_).
der Hund – das Huhn, ...

die Schüssel
die Tüte
die Tasse
das Glas
die Butter
der Bruder
die Suppe

essen
er isst
rollen
sie rollt

3 Lies den Text! Achte auf die farbigen Selbstlaute!
Werden sie lang oder kurz gesprochen?

Alle Kinder essen gerne Plätzchen.
Zuerst muss man Butter, Zucker,
Eier und Mehl in einer Schüssel mischen.
Dann muss man den Teig kneten und ausrollen.
Zum Ausstechen kann man eine Tasse oder ein Glas nehmen.
Zum Schluss kommen die Plätzchen in den Ofen.
Man kann sie in einer schönen Tüte verpacken.

4 Ordne die Wörter mit den farbigen Selbstlauten so:

langer Selbstlaut	*kurzer Selbstlaut*
Mehl	*Kinder*

★ Lies laut und achte immer auf den ersten Selbstlaut!
In jeder Zeile passt ein Wort nicht zu den anderen.
Schreibe diese schwarzen Schafe auf!

das Muster	*die Suppe*	*der Bruder*	*der Hund*
die Butter	*die Mutter*	*die Kunst*	*die Schule*
der Besen	*die Weste*	*die Welt*	*das Essen*

5 Lies jedes Tätigkeitswort (Verb) aus der Wortleiste vor!
Wie sprichst du den ersten Selbstlaut im Wort?

fallen
er fällt
kommen
sie kommt
müssen
er muss
wollen
sie will
suchen
er sucht
holen
sie holt
rufen
er ruft
malen
sie malt

6 Was spielen die Kinder auf dem Bild?
Setze passende Tätigkeitswörter (Verben) ein!
Markiere darin den kurzen (.) oder langen (_) Selbstlaut!

Tim (holt) eine alte Mütze für den Schneemann.

Anna ( ): „Ich ( )!“

Dann ( ) sie Max.

Jonas ( ) vom Schlitten.

Lena ( ) ein Herz in den Schnee.

7 Wie findest du diese Wortformen im Wörterverzeichnis?
sie will, er fällt, du musst, du malst, du kommst, du suchst
Schreibe so: *sie will – wollen, …*

Wörter mit ck

1 Lies alle Wörter der Wortleiste!
Schreibe die Wörter, die sich reimen, auf!

2 Wie klingen die Selbstlaute vor **ck**?

3 Setze passende Tätigkeitswörter (Verben) aus der Wortleiste ein!

Vati und Ben ◯ das Fenster.

Oma ◯ einen Kuchen.

Opa ◯ die Schüssel aus.

Nele und Mutti ◯ den Tisch.

backen
sie bäckt
packen
ich packe
decken
du deckst
schmücken
er schmückt
stecken
sie steckt
lecken
er leckt
drücken
sie drückt
schicken
er schickt

★ Finde zu **backen** und **decken** zusammengesetzte Namenwörter (Substantive)!

die Backstube, …
die Zimmerdecke, …

4 Bilde Wortfamilien!
Unterstreiche den Wortstamm!
Schreibe so:
backen, ich backe, der …
decken, gedeckt, …
schmücken, …
stecken, …
packen, …

backen
der Bäcker
decken
die Decke
schmücken
der Schmuck
stecken
der Stecker
packen
das Päckchen
merke:
das Paket

5 Welche Wörter aus der Wortleiste kann man trennen?
Schreibe so:
ba-cken, der Bä-cker, …

6 **backen** oder **packen**?

Mutti und Vati	packen	Plätzchen.
Opa	backen	eine Torte.
Oma	backt	Geschenke ein.
Lisa und Tim	packt	meinen Koffer.
Ich	packe	das Päckchen.

Bilde Sätze!
Mutti und Vati backen eine Torte. …

★ Suche noch drei weitere Wörter mit **ck**!
Schreibe einen Satz, in dem sie alle zusammen vorkommen!

Zum Üben

Kleine Bäcker
Anne und Lisa/backen Kuchen.
Nun decken sie/den Tisch.
Sie schmücken ihn/mit Flocken aus Watte.
Dann stecken sie/noch Kerzen in die Halter.

Ich möchte dir etwas schenken

Tim: „Was könnte ich nur schenken?"

Paul: „Ich verschenke eine kleine Schachtelgeschichte."

Femi: „Ich schreibe ein Gedicht auf Tonpapier. Das ist mein Geschenk."

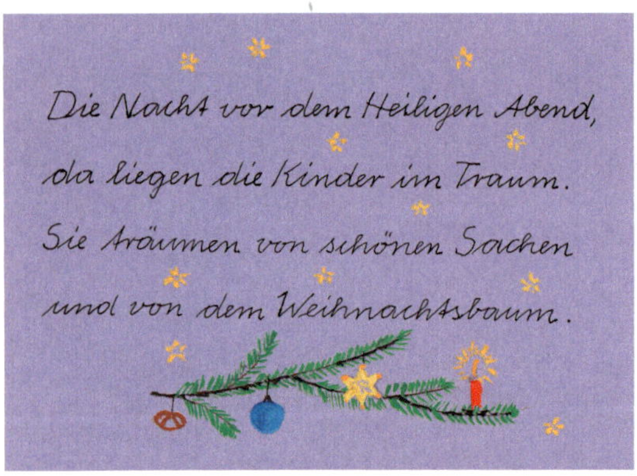

Julia: „Ich schenke selbst gemachte Weihnachtskarten."

Welches Geschenk möchtest du basteln?

Das tut mir gut

Freunde braucht man für tausend Sachen.
Freunde braucht man, um Quatsch zu machen.
Freunde sind da, heute und morgen.
Wer einen Freund hat,
der hat nur halb so viel Sorgen.

Lea Hector

Was erleben die Freunde auf den Bildern?
Erzähle zu einem Bild eine Geschichte!

Freunde streiten und vertragen sich

Nach der Schule geht Katja immer
mit Anna nach Hause. Beide wohnen
in der Schillerstraße.
Meistens treffen sich Katja
und Anna auch am Nachmittag.
Mal bei Anna, mal bei Katja.
Aber nun ist Miriam
neu in die Klasse gekommen.
Miriam wohnt auch in der Schillerstraße.
Aber sie geht nicht nach Hause, sie fährt.
Ihre Mutter holt sie mit dem Auto von der Schule ab.
Und jetzt hat Miriam zu Katja gesagt:
„Wenn du willst, kannst du mit mir
im Auto fahren. Das ist doch viel bequemer."
Und Katja ist zu Miriam ins Auto gestiegen …

1 Hast du schon einmal eine ähnliche Situation erlebt? Erzähle!

2 Wie könnte die Geschichte weitergehen? Erzähle zu den Bildern!

Könnte die Geschichte noch ganz anders ausgehen?
Ihr könnt erzählen, schreiben, malen oder auch spielen.

Text als Anlass, über eigene Erfahrungen zu sprechen;
zu einer Bildfolge erzählen

AH S. 28

Anna hat zwei Briefe im Klassenbriefkasten gefunden.

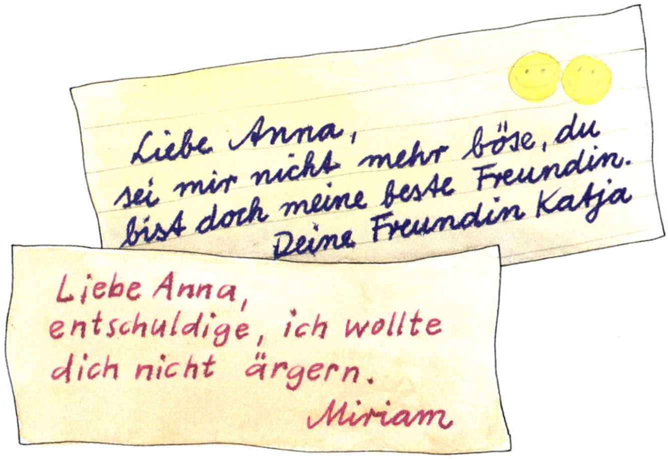

3 Wie würdest du dich bei Anna entschuldigen?
Schreibe es auf!

4 Welche Antwort könnte Anna schreiben?

Verzeihung!
Entschuldigung!
Es tut mir leid.
Ich habe es nicht so gemeint.

Auch Felix  *und Jakob*  *sind Freunde.*
In letzter Zeit spielt Jakob aber nur noch mit Daniel .
Daniel ist neu in der Klasse.
Nachmittags klingelt das Telefon bei Felix.
Es ist Jakob.

5 Überlegt, was sich Felix und Jakob sagen könnten!

6 Spielt das Telefongespräch!

★ Daniel mag nicht nur Jakob, sondern auch Felix.
Was könnte er beiden vorschlagen?

Wie Freunde sein können

stark
freundlich
klug
nett
hilfsbereit
fleißig
schüchtern
witzig
mutig
frech

tröstet mich,
ist keine Petze,
kann ein Geheimnis bewahren,
gibt nichts ab,
hilft bei den Hausaufgaben,
beschützt mich

1 Würdest du den Jungen auf dem Sprungbrett als Freund haben wollen?
Begründe deine Meinung!

2 Wie soll ein Freund oder eine Freundin sein?
Wie sollten Freunde nicht sein?
Schreibe es auf!

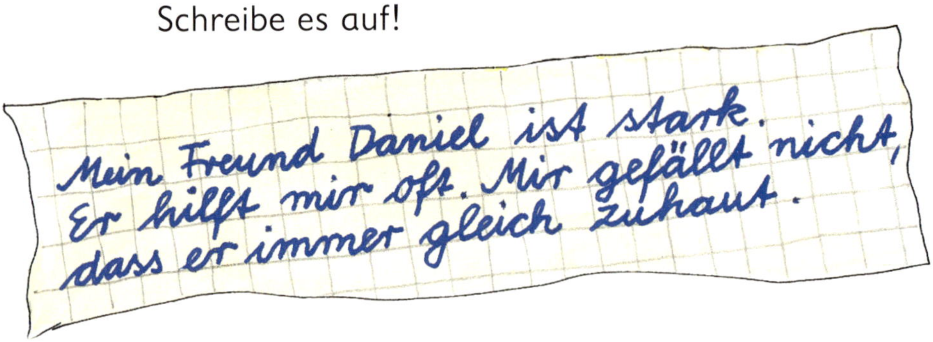

Bild als Anlass, eine eigene Meinung zu äußern und zu begründen;
Anforderungen an Freunde formulieren

Freunde schreiben sich

Bennis Freund Daniel ist in eine andere Stadt gezogen.
Benni schreibt Daniel einen Brief.

die Post
der Brief
der Gruß
grüßen
es grüßt dich
dir
dein
deine
euch
euer

TIPP

Ort, Datum → Wittenberg, 13. März 20 …
Anrede → Lieber Daniel,
mir geht es gut. Die Sonne scheint.
Das neue Computerspiel finden auch
was wir mitteilen → meine Freunde super. Besuch mich
doch in den nächsten Ferien!
Meine Eltern erlauben es.
Grüße → Es grüßt dich
Unterschrift → dein Benni

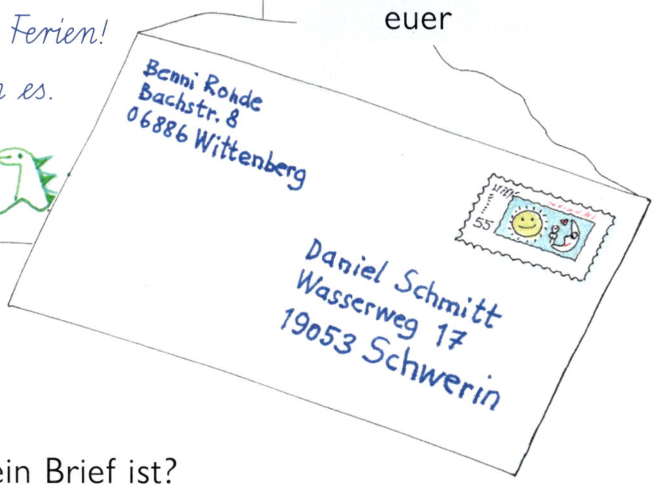

1 Lies Bennis Brief und sage, was er Daniel mitteilt!

2 Woran erkennst du, dass das ein Brief ist?

3 Daniels Antwortbrief ist durcheinandergeraten. Schreibe die Textteile auf Papierstreifen und ordne sie!

dein Freund Daniel

danke für deinen Brief. Morgen habe ich einen Wettkampf. Hoffentlich gewinne ich.

Viele Grüße

Hallo Benni,

In den Osterferien darf ich zu dir kommen. Ich freue mich schon sehr.

Schwerin, 3. April 20 …

4 Besprich den Brief mit einem anderen Kind! Klebe die Papierstreifen in der besprochenen Reihenfolge auf!

Merkmale eines Briefs kennen lernen (Anrede- und Grußformeln); einen Brief sinnvoll ordnen

Sp/sp und St/st am Wortanfang

1 Lies die Wörter der Wortleiste!
Wie sprichst du **Sp/sp** und **St/st** am Wortanfang?
Was schreibst du am Wortanfang?

2 Ordne die Wörter aus der Wortleiste in eine Tabelle ein:

Sp/sp	*St/st*
...	...

3 Setze Namenwörter (Substantive) aus der Wortleiste ein!

in eine große  *ziehen*
ein neues  *spielen*
über die 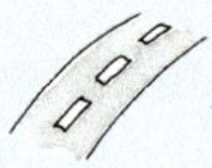 *gehen*

4 Setze Tätigkeitswörter (Verben) aus der Wortleiste ein!
über ein Seil ..., auf dem Kopf ...,
im Kinderzimmer ..., das Taschengeld ...

das Spiel
die Stadt
die Straße
stecken
er steckt
spielen
sie spielt
stehen
er steht
sparen
sie spart
springen
er springt
spitzen
sie spitzt
spitz
spät

5 Welche drei Wortfamilien findest du im Text?

Ich spitze mit dem Spitzer die Spitze von meinem Stift ganz spitz. Ines spart ihr Taschengeld und steckt es in das Sparschwein. Vater steckt den Stecker in die Steckdose.

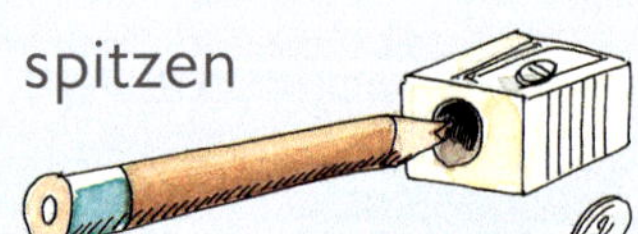

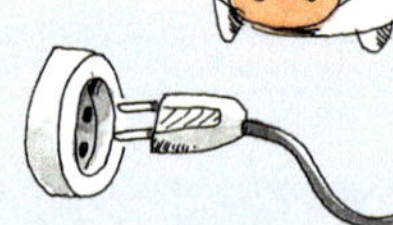

6 Schreibe die drei Wortfamilien heraus! Unterstreiche immer den Wortstamm!
ich <u>spitz</u>e, der <u>Spitz</u>er, die ...

★ Finde möglichst viele Wörter der Wortfamilie **spielen**!

Wörter mit ch und sch

1 In der Kiste stecken viele Reimwörter:

das Licht, n…
der Teich, r…

2 Was die Kinder werden möchten.

Olaf (möchte) Lehrer werden.

Katja ( ) Köchin werden.

Romina und Paul ( ) Sänger werden.

Und was ( ) du werden?

3 Was wünschst du dir von deinem Freund oder deiner Freundin?

Ich wünsche mir, dass er …
Ich wünsche mir, dass sie …

4 Sprecht die Zungenbrecher, so schnell ihr könnt!

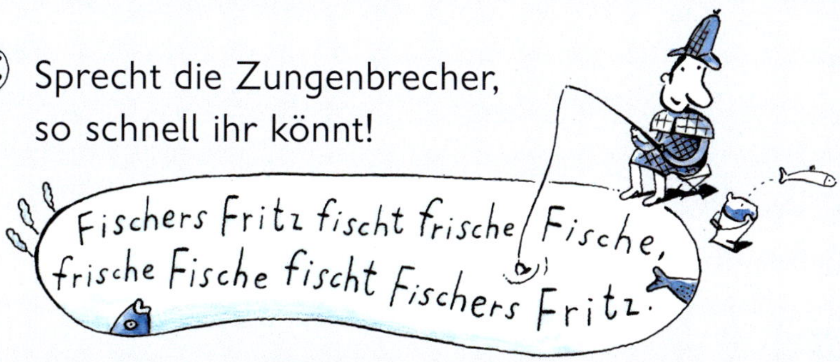

★ Erfinde eigene Zungenbrecher!
Verwende Wörter mit **ch** und **sch**!

die Tasche
der Fisch

ich möchte
du möchtest
sie möchten

wünschen
ich wünsche

waschen
ich wasche

ich
dich
sich
mich
euch

doch
rechts

Zum Üben

Liebe Steffi,
ich möchte dich einladen. Wir feiern/ein Kinderfest.
Bring alte Sachen mit! Wir wollen im Garten/
spielen und toben. Ich freue mich auf dich.
Deine Freundin Tamara

Ich bin ich und du bist du

Alle Freunde von Sandra sollen sich in ihr Schulfreunde-Buch eintragen. Zuerst gibt sie es ihrer besten Freundin Jasmin. Danach darf sich Pascal eintragen.

Alles über mich

Name: ______

Adresse: ______

Telefon: ______

Was ich mag: ______

______

Was ich nicht mag: ______

______

Das finde ich cool: ______

______

______

Was ich auf eine einsame Insel mitnehmen würde: ______

______

Was ich mal werden will: ______

______

Mein größter Wunsch: ______

______

Mein Sternzeichen: ______

Mein Spruch für dich: ______

______

______

★ Was würdest du in ein Schulfreunde-Buch schreiben?

Viele Großeltern hatten früher ein Poesie-Album. Dahinein schrieben Freunde kleine Sprüche in ihrer schönsten Schrift.

★ Erkunde, ob deine Eltern oder Großeltern auch so ein Album hatten! Trage einige Sprüche daraus vor!

Im Frühling

Erst kommt der Star zurück,
ein Weilchen danach
kommt auch das blaue Veilchen.
Es blüht versteckt.
Wer es entdeckt,
den hat der Frühling aufgeweckt.

Heinz Kahlau

Woran erkennt ihr im Bild den Frühling?
Was gefällt dir besonders am Frühling?

Mein Freund, der Baum

Benjamin führt die Kinder
zu seinem besonderen Freund.
Er sagt: „Im Sommer spiele ich
in seinem Schatten oder träume.
Manchmal umarme ich ihn auch.

Das hat der Baum Benjamin erzählt:

Häufig stehe ich in Parks. Ich werde bis zu 25 m …
Ich habe eine … Krone. Meine … Äste tragen im Mai
Blätter mit … Stielen und Blütenkerzen.
Die Blüten sind … oder …
Meine Wurzeln dringen … in die Erde ein.
Aus meinem … Holz wurden früher Holzschuhe
geschnitzt und Klaviergehäuse gebaut.

hoch
breit
dick
lang
weiß
rosa
tief
weich

1 Setze passende Eigenschaftswörter (Adjektive) ein!
Schreibe den Text ab!

2 Wie heißt Benjamins Lieblingsbaum?
An welchen Sätzen hast du ihn erkannt?

3 Welche Bäume kennt ihr?
Legt eine Liste an!

★ Sammle Informationen zu deinem Lieblingsbaum!

passende Adjektive einsetzen;
Informationen aus einem Sachtext entnehmen

Wir pflanzen im Garten

1 Mit diesen Wortbausteinen kannst du neue Wörter bauen. Schreibe nur sinnvolle Wörter auf:

pflanzen: umpflanzen, ... *graben: aus ...,*
schneiden: ausschneiden, ... *pflücken: ...*

Wortbausteine verändern die Bedeutung.

2 Ordne den Bildern die Wörter **bepflanzen**, **umpflanzen** und **einpflanzen** passend zu!

3 Setze die Tätigkeitswörter (Verben) aus Aufgabe 2 in der richtigen Form ein! Was stellst du fest?

Der kleine Baum braucht mehr Sonne.

Deshalb ___ ihn die Kinder ___.

Alex und Julia ___ den Baum wieder ___.

Die anderen Kinder ___ ein Beet mit Blumen.

aus, ein, an, um, ver-, be- sind **Wortbausteine**.
Man kann mit ihnen neue Wörter bauen.
*pflanzen – **ein**pflanzen, stecken – **ver**stecken*

Eine Geschichte vorstellen

Katja hat eine Baumgeschichte geschrieben.
Sie liest sie anderen Kindern vor.

1 Lies die Geschichte!
Was gefällt den Kindern, was gefällt ihnen nicht?

2 Wie gefällt dir die Geschichte?
Begründe deine Meinung!

3 Welche Tipps hast du für Katja?

TIPP **Darauf könnt ihr achten:**
- Hat die Geschichte eine passende Überschrift?
- Kann man alles verstehen?
- Stimmt die Reihenfolge?
- Werden bestimmte Wörter zu oft verwendet?

Eine Geschichte am Computer überarbeiten

Am Computer kann man Texte gut überarbeiten.
Katja hat sich überlegt, was sie an ihrem Text verändern will.

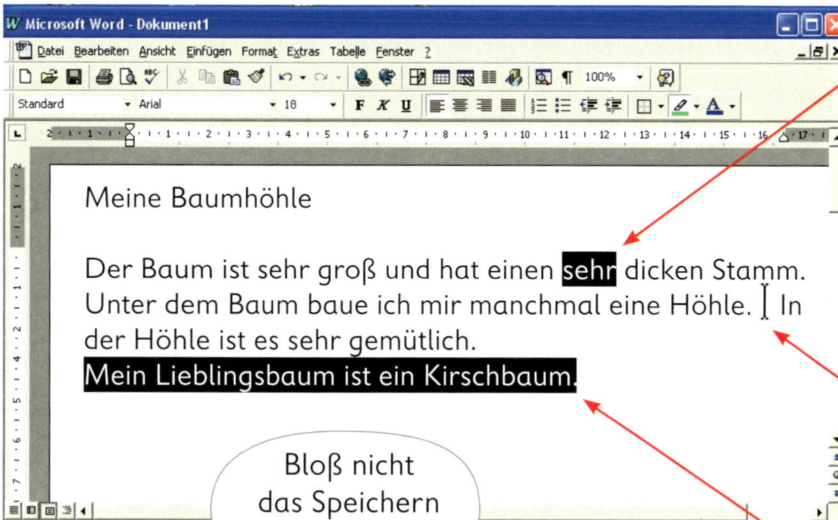

Katja will das Wort **sehr** löschen. Sie markiert es und drückt auf die Löschtaste.

Katja will einen Satz ergänzen. Sie klickt mit der linken Maustaste an die passende Stelle. Jetzt tippt sie den neuen Satz ein.

Katja will den letzten Satz verschieben. Sie markiert ihn. Dann klickt sie in das markierte Feld, hält die linke Maustaste gedrückt und zieht den Satz an den Anfang.

1. Schreibt Katjas Text am Computer ab und überarbeitet ihn! Denkt dabei an die Tipps der Kinder und an das, was euch aufgefallen ist!
2. Schreibe eine eigene Baumgeschichte!
3. Lest euch eure Geschichten gegenseitig vor und sprecht darüber!
4. Überarbeite deine Geschichte am Computer!
5. Gestaltet eure Geschichten und veröffentlicht sie!

Wörter mit h

Frühling

Der Frühling ist eine Jahreszeit, die früh im Jahr liegt. Manche Leute sagen zum Frühling auch Frühjahr. Erste Frühlingsboten sind Krokusse und Schneeglöckchen. Sie heißen Frühblüher.

1 Schreibe aus dem Text alle Wörter mit dem Wortstamm **früh** heraus! Markiere ihn!

★ Finde weitere Wörter mit dem Wortstamm **früh**!

2 Bilde zu den Grundformen (Nennformen) **sehen**, **gehen** und **blühen** die richtigen gebeugten Formen (Personalformen)!
Schreibe so:

sehen	gehen	blühen
ich sehe	er ...	es ...
sie sieht	wir ...	er ...

3 Setze passende Tätigkeitswörter (Verben) aus der Wortleiste ein!

Oma ◯ in den Garten.

Die ersten Krokusse ◯ schon.

Das ◯ sehr schön aus.

4 Immer zwei Silben gehören zusammen.
Schreibe alle Wörter auf und markiere das **h**!
blühen, ...

blü	ge	Früh	se	frü
hen	ling	hen	hen	her

der Frühling
früh
das Jahr

sehen
er sieht
stehen
sie steht
gehen
er geht
blühen
es blüht

merke:
die Blüte

Wörter mit ng

1 Suche die Stichwörter **bringen** und **singen**!
Schreibe die gebeugten Formen (Personalformen) auf!
bringen: du bringst, …

2 Setze passende Tätigkeitswörter (Verben) aus der Wortleiste ein! Markiere immer **ng**!

Vati ___ Emma zur Schule.
Tobias ___ den Ball.
Tina ___ sehr hoch.
Mutti ___ ein Frühlingslied.

der Ring
bringen
er bringt
fangen
sie fängt
singen
er singt
springen
sie springt
merke:
eng
lang
langsam

3 Schreibe immer das Gegenteil auf!
schnell – …, kurz – … , weit – …

4 Bilde mit den Wortbausteinen sinnvolle neue Tätigkeitswörter (Verben)!
springen: einspringen, …   singen: …
bringen: mitbringen, …   fangen: …

weg
an
ein
mit
vor

★ Schreibe vier Sätze mit Wörtern aus Aufgabe 4!

5 Wie heißen die Finger an einer Hand? Schreibe sie auf!
der Daumen, der Zeigefinger, der …

Zum Üben

Im Frühling
Die ersten Blumen/fangen an zu blühen.
Die Vögel singen.
Die Kinder bringen/ein langes Seil mit.
Sie springen/mit dem Springseil.

Wörter mit ng: gebeugte Form/Personalform bilden; Verben im Satz verwenden; Gegensatzpaare finden; Verben zusammensetzen; Lauf- oder Partnerdiktat

AH S.36

Mitlaute nach kurzem Selbstlaut

der Löffel
die Suppe
der Roller
der Koffer
das Wasser
das Heft
das Fenster
die Hand
der Ast
die Lampe

1 Ergänze die fehlenden Selbstlaute!
Werden sie lang oder kurz gesprochen?

Br  t — die H  nd — Sch  ff

R  tter — K  mm — V  gel

B  rg — Gl  s — P  lme

H  se — Schl  ssel — G  ld

2 Schreibe die acht Wörter
mit kurzem Selbstlaut auf!
Markiere den kurzen Selbstlaut (.)!

3 Untersuche die Wörter aus Aufgabe 2!
Zähle nach, wie viele Mitlaute
nach dem kurzen Selbstlaut stehen!

4 Ordne die Wörter aus der Wortleiste in eine Tabelle!
Schreibe so:

doppelte Mitlaute	verschiedene Mitlaute
Löffel	Fenster
...	...

★ Wie viele Wörter mit doppelten Mitlauten findest du
im Wörterverzeichnis beim Buchstaben **K**?

Die Natur erwacht

Wenn im Frühjahr die Sonne scheint
und die Tage heller werden,
dann wird die Natur wieder lebendig.
Viele Pflanzen blühen,
an den Bäumen wachsen die Blätter
und die Vögel finden wieder reichlich Futter.

die Sonne
wollen
er will
sollen
sie soll
schnell
wenn
denn
wann
dann

1 Finde im Text alle Wörter mit doppeltem Mitlaut!
Achte auf den kurzen Selbstlaut!
Schreibe so: *wenn, …*

2 Schreibe die Reimpaare auf!

denn – w…	*fressen – e…*	*wollen – s…*
wann – d…	*rennen – br…*	*hell – schn…*

3 Bei welchen Stichwörtern findest du diese Wörter?
er rollt, du sollst, du willst
er rollt – rollen, …

★ In jeder Zeile hat sich ein schwarzes Schaf versteckt!
Schreibe nur die Wörter mit doppeltem Mitlaut auf!

die Bu■er, das Be■, das We■er, mu■ig	**tt**
das Schi■, tre■en, das Scha■, der Ko■er	**ff**
der Hi■el, der Ka■, schwi■en, das Ka■el	**mm**
Frau Ho■e, ro■en, ho■en, wo■en	**ll**

Zum Üben

Endlich wieder Sonnenschein
Tim und Emma fahren/mit ihren Rollern/
schnell zum Bach.
Sie wollen/am Wasser spielen.
Opa schaut/vom Fenster aus zu.

Frühlingsüberraschungen

Sofie will im Frühling Krausköpfe aus Kressesamen ziehen. So macht sie es:

- Zuerst wäscht Sofie die Eierschalen aus.
- Dann stopft sie feuchte Watte hinein.
- Danach stellt sie die Eierschalen in Eierbecher.
- Nun streut Sofie Kressesamen auf die Watte.
- Zum Schluss legt sie durchsichtige Folie auf und stellt den Becher auf das Fensterbrett.

Quarkbrot mit Kresse

Zutaten:	
Brot	• die Radieschen waschen
Quark	• Stiele und Spitzen abschneiden
einige Radieschen	• die Radieschen klein schneiden und unter den Quark mischen
Salz und Pfeffer	• den Quark mit Salz und Pfeffer würzen und auf das Brot streichen
frische Kresse	• frische Kresse darüberstreuen

Probiert es aus! Sprecht ab, was jeder mitbringen muss!
Schreibt einen Merkzettel!

Rezepte ausprobieren;
Frühlingsüberraschungen nach Anleitung herstellen

Mit Tieren leben

Kleine Katzen sind so niedlich
und so friedlich und gemütlich.
Aber schaut sie richtig an:
Jedes Sätzchen auf den Tätzchen
hilft, dass aus den süßen Kätzchen
mal ein Raubtier werden kann.

James Krüss

Wovon träumt das Mädchen?
Hast du dein Lieblingstier schon entdeckt?
Erzähle davon!

Kinder erzählen von ihren Tieren

Neulich kam ich nach Hause. Ich wollte mein Kaninchen begrüßen. Pauli lag im Käfig. Er bewegte sich nicht. Da kam Papa. Er nahm mich in den Arm. Er sagte, dass Pauli nie wieder aufwachen wird. Ich habe den ganzen Tag geweint.

Sofie

Mama wollte für uns ein Festessen kochen. Sie ging in die Küche und erschrak. Der gute Fisch, den sie braten wollte, war weg. Da hörte sie ein leises Schmatzen. Unsere Katze Mimi saß unter dem Tisch. Sie hatte schon den halben Fisch aufgefressen. Jetzt hatte nur Mimi ein Festessen.

Konrad

Mein Hund Rex riss sich von der Leine los. Er flitzte auf die Straße, direkt vor ein Auto. Vor Schreck habe ich meine Augen zugekniffen. Ich hörte, wie Bremsen quietschten. Vorsichtig öffnete ich meine Augen. Rex hatte Glück. Das Auto hat ihn nicht erwischt.

Julia

1 Geschichten können lustig, traurig oder spannend sein. Wie sind diese drei Geschichten? Begründe deine Meinung!

2 Ordne den Geschichten passende Überschriften zu! Du kannst auch eigene Überschriften erfinden!

Guten Appetit

Abschied | Glück gehabt

3 Schreibe eine Geschichte von deinem Haustier oder deinem Wunschtier! Finde für deine Geschichte eine Überschrift!

★ Male zu deiner Geschichte ein Bild!

sich über Textmerkmale austauschen; passende Überschriften zuordnen; eine Geschichte schreiben; eine Überschrift finden

AH S. 38

Hund und Katz

1 Schreibe jeden Satz auf einen Papierstreifen!
Ordne die Sätze nach der richtigen Reihenfolge!

Sofort reißt Balko sich los und jagt der Katze hinterher.

Fabian führt seinen Hund Balko aus.

Fabian schimpft Balko und hält ihn fest.

Jetzt traut sich auch Kikki wieder herunter und Frau Müller nimmt sie in den Arm.

Kikki flüchtet sich auf einen Baum.

Plötzlich entdeckt Balko Kikki, die Katze von Frau Müller.

2 Besprich mit einem anderen Kind, ob die Reihenfolge stimmt!

3 Denke dir eine Überschrift für die Geschichte aus!
Klebe die Geschichte in der besprochenen Reihenfolge auf!

★ Schreibe auf, wie die Geschichte weitergehen könnte!

Meine Katze

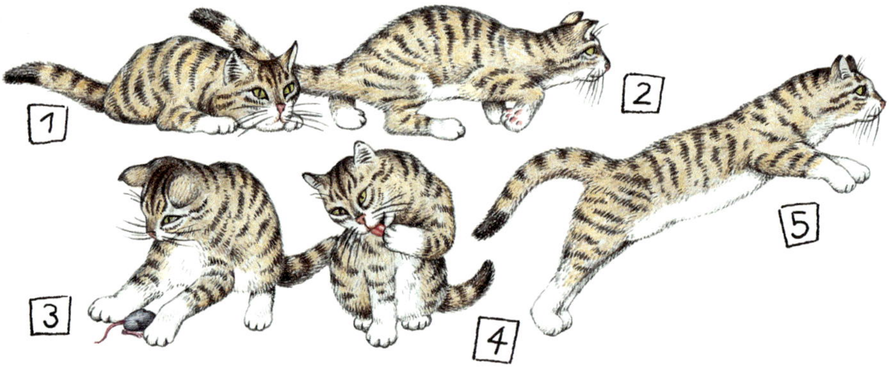

ducken
sie duckt sich
springen
sie springt
fangen
sie fängt
packen
sie packt
fressen
sie frisst
lauern
sie lauert
schleichen
sie schleicht
spielen
sie spielt

1 Was tut die Katze?
Ordne passende Tätigkeitswörter (Verben) zu!

2 Setze passende Tätigkeitswörter (Verben) ein:

Die Katze  auf die Maus.
Sie  sich an sie heran.
Plötzlich  sie vor und  die Maus.
Erst  sie mit ihr wie mit einem Ball,
dann  sie die Maus.

3 Setze die Eigenschaftswörter (Adjektive) **jung**, **alt**, **schwarz**, **weiß**, **glatt** und **rosa** richtig ein!

Unsere Katze ist noch ganz …
Sie ist erst ein paar Wochen …
Ihr … Fell glänzt.
Sie streicht es immer wieder …
Sie hat … Pfoten.
Ihr Näschen ist …

treffende Verben finden und im Satz verwenden;
Adjektive passend einsetzen

Geburtstagsüberraschung

An ihren achten Geburtstag erinnert sich Mia besonders gern …

der Geburtstag
der Kuchen
das Geschenk
schenken
die Freude
sich freuen
der Korb
das Körbchen
der Hund
schimpfen
lachen

1 Erzählt zu den Bildern!

2 Schreibe auf, was Mia auf den Bildern denkt, fühlt oder sagt!
Heute habe ich endlich Geburtstag.
Ich bin schon …

3 Schreibe eine Geschichte zu den Bildern!

TIPP **So gelingt eine Bildergeschichte:**
- Gib den Menschen und Tieren einen Namen!
- Sammle Wörter, die gut zu der Geschichte passen!
- Achte auf die Reihenfolge!
- Denke dir eine passende Überschrift aus!

4 Besprecht eure Geschichten und überarbeitet sie!

★ Hast du ein Haustier oder wünschst du dir eines?
Schreibe auf, was man bedenken muss,
bevor man sich ein Haustier zulegt!

Wörter mit tz

1 Lies die Wörter der Wortleiste!
Wie klingen alle Selbstlaute vor **tz**?

2 Schreibe die Reimpaare auf!
Markiere die kurzen Selbstlaute!

die Schätze | *die Schätzchen* | *kratzen*
die Pl… | *die Pl…* | *pl…*

3 Trenne alle Wörter aus Aufgabe 2!
die Schät-ze,
die Schätz-chen,
…

4 Setze die Tätigkeitswörter (Verben) **setzen**, **sitzen**, **putzen** richtig ein!

Wenn die Sonne scheint, ◯ sich
meine Katze auf das Fensterbrett.
Sie ◯ gern dort
und ◯ sich das weiche Fell.

★ Finde möglichst viele Wörter der Wortfamilie **putzen**!

die Katze
die Katzen
das Kätzchen
der Platz
der Satz

sich putzen
sie putzt sich
sich setzen
er setzt sich
sitzen
sie sitzt

Zum Üben

Meine Katze Tinka
Ich habe/eine kleine Katze. Sie sitzt gern
in der Sonne/und putzt sich ihr Fell.
Manchmal kratzt sie mich/mit ihren Krallen.

Doppelte Mitlaute

Wer bin ich?
Ich putze mein Fell gründlich.
Für meine Zähne brauche ich hartes Futter:
Möhren, Kartoffeln und Körner.
Im Frühling fresse ich gern frische Blätter,
Klee und Löwenzahn.
Jeden Tag brauche ich frisches Wasser.

das Messer
der Teller
der Schlitten

kennen
können
bitten
lassen
fassen

1 Finde im Text alle Wörter mit doppeltem Mitlaut!
das Fell, …

2 Schreibe auf, was Hunde können!
rennen, fressen, bellen, knurren, schwimmen
Hunde können bellen …

3 Schreibe die Wörter mit Begleiter auf!
Abc Kontrolliere mit dem Wörterverzeichnis!

4 Setze aus den Silben drei Tätigkeitswörter (Verben) zusammen!
Schreibe sie mit Silbenbögen auf!
kennen, …

ken | bit | las | ten | nen | sen

★ Ergänze die Reime und schreibe sie auf!

Die große, schlanke Giraffe,
ist ein anderes Tier als der …

Elefanten geben sich zum Schluss
einen dicken Elefanten …

doppelte Mitlaute: Wörter mit doppeltem Konsonant heraussuchen; im Sinnzusammenhang verwenden, Wörter nachschlagen; aus Silben Wörter zusammensetzen

Wer bin ich?

Ich gehöre zur Familie der Papageien.
Viele Kinder halten mich als Zimmerfreund.
Dann muss ich einen Käfig haben.
Ich knabbere gern Hirse, Vogelmiere
und auch Apfelstückchen.
Ich brauche täglich frisches Wasser.

Ist ein Einzelgänger,
schläft am Tage, wird erst abends munter,
ist ein schneller Läufer, sammelt Körner
in seinen Backentaschen,
mag nicht zu viel gestreichelt werden,
wird 2 bis 3 Jahre alt.

Ist eine Einzelgängerin,
hat trotzdem Gesellschaft gern,
schläft viele Stunden am Tag,
zeigt, wenn sie mit dir schmusen möchte,
übt im Spiel alle Bewegungen für die Jagd,
kann 15 Jahre alt werden.

★ Schreibe selbst ein Rätsel von deinem Lieblingstier! Lass es erraten!

★ Gestaltet eine Pinnwand oder sammelt alle Rätsel in einer Mappe!

Bei uns und anderswo

Hinter den sieben Bergen
bei den sieben Zwergen,
spielen dort Kinder wie wir?
Heißen sie Tom, Rosa oder Lir?
Ist es dort kalt oder heiß?
Sind die Kinder dort schwarz oder weiß?
Gibt es dort auch eine Stadt?
Sind die Kinder hungrig oder satt?

Max Bolliger

Auf der ganzen Welt spielen Kinder gern.
Welche Spiele erkennst du auf dem Bild?

Überall auf der Welt lernen Kinder

Margoth erzählt:
„Ich bin 12 Jahre alt.
Ich wohne auf einem Bauernhof
in den Bergen von Ecuador.
Ecuador ist ein Land in Südamerika.
Ich stehe um 5.00 Uhr früh auf,
weil ich vor der Schule noch die Hühner
und Ziegen füttern muss.
Zur Schule laufe ich eine Stunde.
Unsere Schule hat nur zwei Räume.
Die Schüler aller Klassen lernen in einem Raum.
Der Lehrer wohnt im zweiten Raum neben der Klasse.
In der Schule lerne ich auch Kichwa*.
Es ist die Sprache der Indianer, zu denen ich gehöre.
Zu Hause sprechen wir spanisch.“

1 Lies den Text!
Was ist für dich besonders interessant?
Was verstehst du nicht?

2 Was erfährst du
über Margoth?
Schreibe Stichpunkte auf!

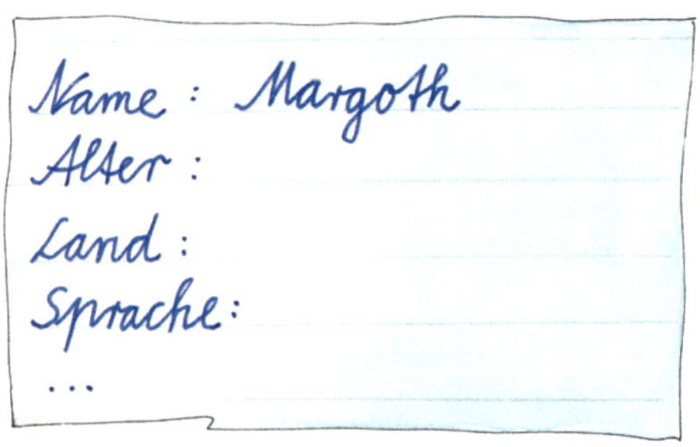

★ Kennst du ein Kind
in einer anderen Schule?
Was ist dort so wie bei dir?
Was ist dort anders?

3 Sammelt auf einem Plakat
das Wort **Schule**
in verschiedenen Sprachen!

aus einem Text Informationen entnehmen;
Begegnung mit anderen Sprachen

David ist 11 Jahre alt und wohnt in London.
Das ist die Hauptstadt von England.
Seine Eltern bringen ihn jeden Morgen mit dem Auto zur Schule.
Die Schule beginnt um 9.00 Uhr und endet nachmittags um 16.00 Uhr. Deshalb essen die Schüler auch in der Schule.
Alle tragen eine Schuluniform.
David trägt ein hellblaues Hemd mit einer gestreiften Krawatte. Seine Jacke ist blau, seine Hose ist grau.
Das Schulhaus sieht von außen sehr alt aus. Innen ist die Schule aber sehr modern.
In jedem Klassenzimmer gibt es eine elektronische Tafel. Es gibt Computerräume und eine große Bibliothek.
Viele Mitschüler von David kommen aus anderen Ländern. David findet das toll.

1 Findet Fragen zum Text!
Die Antworten müssen im Text zu finden sein!

★ Welche Fragen hast du noch? Schreibe sie auf!
Wen kannst du fragen?

2 Was könntest du Kindern in anderen Ländern über dich berichten?
Denke dabei an deinen Namen, dein Alter, deinen Wohnort, deine Schule …

Überall auf der Welt spielen Kinder

1 Viele Spiele beginnen mit Abzählreimen. Weißt du, warum?

Ene mene
mink mank,
pink pank,
ene mene
acke backe
eia peia weg.

1, 2, 3, tout au fond des bois,
3, 2, 1, un petit chemin,
1, 2, 3, vous mène tout droit,
3, 2, 1, chez le roi de nains.

One, two,
buckle my shoe,
three, four,
knock on the door,
five, six,
pick up sticks.

2 Findet heraus, aus welchen Ländern diese Abzählverse kommen!

3 Sammelt weitere Abzählreime! Vielleicht sind auch welche in einer anderen Sprache dabei?

4 Lest die Spielanleitung für dieses Spiel aus China: Wer spielt mit? Wie ist der Spielverlauf?

Ein Kind ist der Fischer. Seine Augen werden verbunden. Alle anderen Mitspieler sind Fische. Der Fischer streckt seine Arme aus und hält die Handflächen nach unten. Die Fische necken nun den Fischer, indem sie mit dem Zeigefinger gegen seine Handfläche stupsen. Der Fischer versucht, den Finger zu greifen. Erwischt er den Fisch, muss er raten, wie das Kind heißt. Hat er es erraten, ist dieses Kind nun der Fischer. Manchmal ruft der Fischer: „Das Wasser steigt“. Dann müssen die Fische auf Zehenspitzen laufen. Wenn er ruft: „Das Wasser sinkt“, bewegen sich die Fische in der Hocke.

5 Probiert das Spiel aus!

Was Kinder gern essen

1 Aus welchem Land kommen die Speisen? Woran hast du das erkannt?

2 Welche von diesen Speisen hast du schon einmal probiert?

Sammelt Rezepte aus anderen Ländern! Gestaltet damit ein Rezeptbuch!

Wörter mit s

1 Auch ohne Worte kann man sich in einem fremden Land zurechtfinden. Was bedeuten die Zeichen?

reisen
er reist
die Reise

lesen
der Leser
die Leserin
sie liest

merke:
der Bus
die Busse

2 Setze passende zusammengesetzte Namenwörter (Substantive) ein!

Ein Bus für die Reise ist ein …
Eine Haltestelle für den Bus ist eine …
Eine Fahrt mit einem Bus ist eine …

★ Welche zusammengesetzten Namenwörter (Substantive) mit **Bus** fallen dir noch ein?

3 Bilde aus den Wortbausteinen neue Wörter! Unterstreiche immer den Wortstamm!

ver<u>reisen</u>, …

ver | mit | ab | heim | ein | reisen

4 Setzt die Wörter aus Aufgabe 3 ein! Achtet auf die Wortbedeutung!

In den Ferien wollen wir …
Wir fahren sehr weit weg,
deshalb müssen wir sehr früh …
Leider darf unser Hund nicht …
Er darf nicht in das Land …
Wenn die Ferien zu Ende sind,
müssen wir wieder …

5 Bilde zusammengesetzte Namenwörter (Substantive) mit **Eis** und bilde damit Wortgruppen: *der lange Eiszapfen, …*

das Eis
das Glas
die Wiese
die Nase
die Hose
das Haus
nach Hause
zu Hause

6 Bilde die Mehrzahl!

das Glas – die Gläser	*die Gans – …*
das Gras – die Gr…	*die Maus – …*
das Los – die L…	*das Haus – …*

aber:
der Bus – die Busse

7 Wörter können länger werden. Probiere es aus!

das Eis	*das Haus*
die Eiswaffel	*die Hausaufgabe*
der Eiswaffel…	*…*

★ Probiere das auch mit anderen Wörtern mit **s** aus!

8 Ergänze die Reimwörter!

Der **Hase** schnuppert mit seiner **N…**
Auf der **Wiese** schläft der **R…**
In dem **Haus** wohnen die **M…** und die **L…**
Auf **Rose** reimen sich **H…** und **D…**
Ein **Glas** liegt im grünen **Gr…**

9 Schreibe die Reimwörter aus Aufgabe 8 auf!
der Hase – die Nase, …

Rezepte aus anderen Ländern

Bananenmilch aus Afrika

- 3 reife Bananen schälen und mit einer Gabel zerdrücken
- 2 Esslöffel Zucker hinzufügen
- einen 3/4 Liter Milch dazugeben
- mit dem Mixer alles auf höchster Stufe kurz mixen

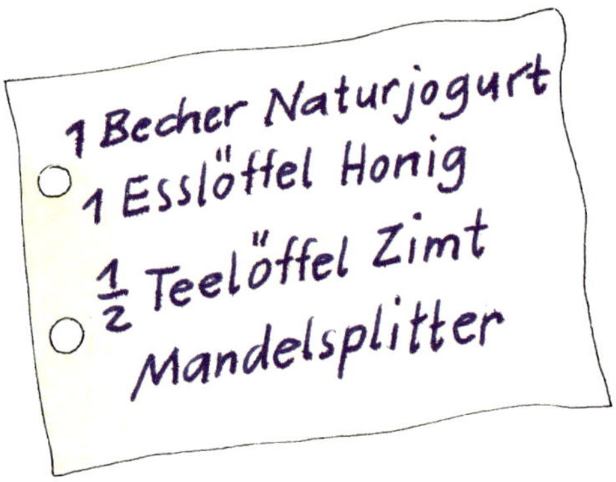

Zimtjogurt aus Griechenland

- Jogurt und Honig mit einem Schneebesen schaumig rühren
- die Masse in eine Schüssel füllen
- den Zimt und die Mandelsplitter darüberstreuen – fertig

Probiert mit Freunden oder mit eurer Familie die Rezepte aus!

Lachende Brötchen aus Dänemark

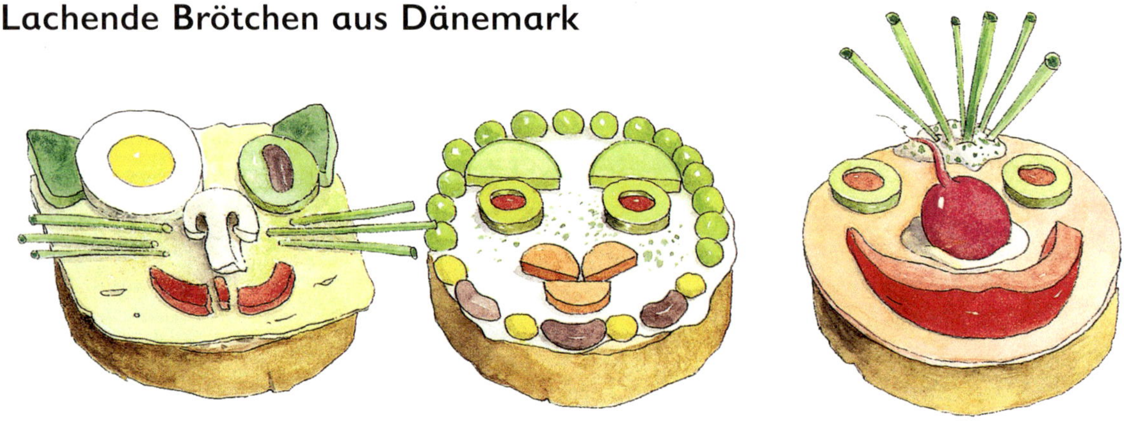

Schreibe auf, was du alles für die lachenden Brötchen benötigst!
Denke dir noch weitere Möglichkeiten aus,
Brötchen lustig zu belegen!

In der Bibliothek

Ich liebe meine Bücher,
jedes Buch ist ein Haus.
Die Leute darin
kommen zu mir heraus.

Es kommen zu mir
Bettler, Prinz und Pilot,
Max und Moritz,
Schneeweißchen
und Rosenrot.

Josef Guggenmos

Was wisst ihr über eine Bibliothek?
Was könnt ihr in der Bibliothek auf diesem Bild entdecken?

Eine Bibliothek besuchen

Damit man in der Bibliothek die Bücher finden kann, müssen sie geordnet sein.

1 Wonach würdet ihr diese Bücher ordnen?

2 Was findest du in Büchern?
Ergänze die Sätze!
Etwas über Tiere steht in einem Tierbuch.
Märchen stehen in einem ...
Ein Buch mit Rätseln ist ein ...
Ein Buch mit Witzen ist ein ...
Ein Buch mit Abenteuern ist ein ...

3 Welche Bücher kennst du noch?
Schreibe so: *Indianerbücher, ...*

★ Was interessiert dich besonders?
In welchen Büchern kannst du es finden?

Die Kinder wollen in der Kinderbibliothek ein Buch ausleihen. Sie haben viele Fragen an die Bibliothekarin.

4 Welche Fragen habt ihr? Klärt sie bei einem Bibliotheksbesuch!

Kuddelmuddel

Frau Holle **schläft** am Hexenhaus.
Dornröschen **schüttelt** einhundert Jahre.
Hänsel und Gretel **verjagen** die Räuber.
Die Bremer Stadtmusikanten **knuspern** die Betten.

5 Schreibe die Märchensätze richtig auf!

Frau Holle schüttelt die Betten.

6 Setze immer die gebeugte Form (Personalform) von **lesen** ein!

Ich ◯ am liebsten Tierbücher.
Opa ◯ die Angelzeitschrift.
Mutti, ◯ du mir ein Märchen vor?
Die Oma ◯ die Zeitung.
Wir ◯ jeden Tag.

	lesen
ich	lese
du	liest
er	liest
wir	lesen

7 Unterstreiche in den gebeugten Formen (Personalformen) immer den Wortstamm! Was fällt dir auf?

8 Was lest ihr gerne?
Schreibt eine Klassenliste über eure Lieblingsbücher!

Lisa	*Conny auf dem Bauernhof von Liane Schneider*
Max	*Das große Buch der Wale*
Anne	*Das kleine Gespenst. Otfried Preußler*
Moritz	*Der kleine dicke Ritter von Robert Bolt*

★ Schreibe einen Lesetipp! Er soll andere Kinder neugierig machen, das Buch zu lesen. Du kannst auch das Buch dazulegen.

★ Ordnet die Bücher in eurer Klassenbibliothek und beschriftet sie!

Wir bereiten ein Lesefest vor

Die Kinder bereiten ein Lesefest vor.
Alle helfen mit.
Jeder hat eine Aufgabe.

1 Was kann man an einem Lesefest alles machen?
Sammelt Ideen und schreibt sie auf!

2 Was müsst ihr für euer Lesefest vorbereiten?
Schreibt die Aufgaben so auf ein Plakat und ergänzt es!

3 Wie soll euer Lesefest ablaufen?
Sprecht in Gruppen darüber!
Stellt euren Ablaufplan vor!

4 Entscheidet euch für einen Ablaufplan!
Schreibt ihn auf!

5 Verteilt die Aufgaben für euer Lesefest! Schreibt eine Liste!

Ein Buch vorstellen

Wenn man ein Buch vorstellen will, muss man es genau gelesen haben.
Fabian stellt sein Lieblingsbuch vor:

Mein Lieblingsbuch heißt „Löwenzahn und Seidenpfote“. Es ist von Janosch. In dem Buch geht es um …

Damit die anderen neugierig auf sein Lieblingsbuch werden,
gibt er eine Leseprobe. Er liest Stellen vor, die ihm besonders gut gefallen:

Die Geschichte beginnt so …
Besonders toll fand ich die Stelle auf Seite …
Und so endet die Geschichte …

Zum Schluss sagt Fabian noch, warum ihm das Buch so gut gefällt.

TIPP **So stellst du ein Buch vor:**

- Wie heißt das Buch?
- Wer hat es geschrieben?
- Was ist es für ein Buch?
- Was passiert in dem Buch?
- Wähle kurze interessante, lustige oder spannende Stellen zum Vorlesen aus!
- Übe das Vorlesen:
  Lies laut und nicht zu schnell!
  Überlege dir, wo du Pausen machen musst!
  Betone gut!

1 Stelle selbst ein Buch vor!

2 Übe deinen Vortrag mit einem Partner!
Ihr könnt euch auch auf Kassette aufnehmen!

Wörter mit t

der Laut
das Brot
die Seite
das Wort
das Heft

weit
breit
laut

dort
fort

1 Bilde die Mehrzahl
und trenne die Wörter nach Silben:
das Brot, die Seite, das Wort,
der Laut, das Heft, der Reiter
Schreibe so: *die Bro-te, …*

2 Ergänze die Sätze:
Ein Heft, in dem Noten sind, ist ein …
Die Seite eines Buches ist eine …
Ein Brot mit Butter ist ein …

3 Schreibe immer das Gegenteil!
eng ist nicht …, leise ist nicht …,
hier ist nicht …, schmal ist nicht …

4 Setze die Eigenschaftswörter (Adjektive)
laut, **breit** und **weit** richtig ein!

die … Musik – Die Musik ist …
der … Fluss – Der Fluss ist …
der … Weg – der Weg ist …

5 Schreibe die Sätze richtig auf!
Überlege, was du großschreiben musst!

mutti ruft ben etwas zu. er versteht kein wort.
ben geht über die breite straße.

Zum Üben

Lustige Sätze
Die lauten Kinder/singen leise.
Das grüne Auto/ist rot.
Auf dieser Seite/steht kein Wort.
Wenn du das glaubst,/dann geh nicht fort.

Wörter mit t: Plural/zusammengesetzte Substantive bilden; Gegensatzpaare finden; Adjektive passend zuordnen; Groß- und Kleinschreibung; Lauf- oder Partnerdiktat **AH** S.50

Wörter mit ß

der Gruß
die Grüße
der Fuß
die Füße

weiß
heiß
groß
süß

1 Schreibe zusammengesetzte Namenwörter (Substantive) mit **Fuß**!
die Fußspuren, ...

Fuß

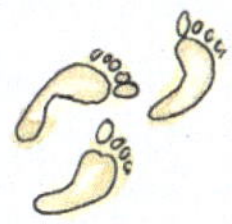

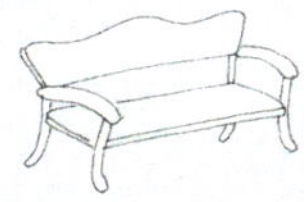

2 Lies vor und ergänze immer das Gegenteil!

Die Kohle ist schwarz. – Der Schnee ist ...
Das Eis ist kalt. – Die Suppe ist ...
Die Maus ist klein. – Die Giraffe ist ...
Die Zitrone ist sauer. – Die Birne ist ...

3 Schreibe die Gegenteil-Wortpaare aus Aufgabe 2 so auf:
schwarz und weiß, ...

4 Was kann alles groß sein?
ein großer Buchstabe, eine ... Stadt,
ein ... Haus, ...

ß steht nur nach langem Selbstlaut oder Zwielaut: weiß, heiß, süß.

5 Setze zusammengesetzte Namenwörter (Substantive) ein!
Wir verschicken zu Ostern Ostergrüße,
zu Weihnachten Weihnachts ...,
zum Geburtstag ..., aus dem Urlaub ...

6 Schreibe Straßennamen aus deiner Umgebung auf!
Das Wort **Straße** sollte darin vorkommen.

★ Das sind wichtige Verkehrszeichen für Fußgänger.
Was bedeuten sie?

Wörter mit ß: zusammengesetzte Substantive bilden; Gegensatzpaare finden; Adjektive passend zuordnen

Auch Bücher sind Freunde

★ Das ist eine Leseraupe.
Wer etwas gelesen hat, kann seinen Lesetipp anhängen.
So wird die Leseraupe immer länger.

★ Wer etwas vorliest, kann sich eine Lesekrone aufsetzen.
So kann man sie basteln:

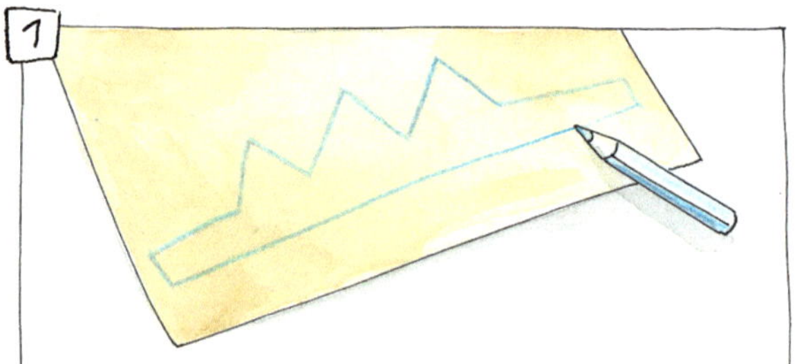

Krone auf ein großes Zeichenblatt aufmalen

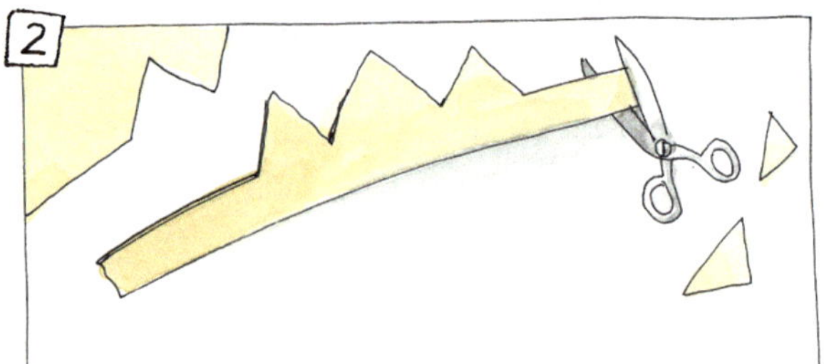

Krone ausschneiden

mit Bildern aus Buchkatalogen bekleben

Krone je nach Kopfgröße zusammenkleben

★ Ihr könnt auch aufschreiben und malen,
was euch an einem Buch besonders gefallen hat.
Sammelt es in einer Mappe.

Schreibanlass: Lesetipp;
Lesekrone nach einer Bastelanleitung herstellen

Unheimliches und Spannendes

Was spukt im Flur?
Was spukt im Schrank?
Dass da was spukt,
macht mich ganz krank.

Es spukt bestimmt,
ich hör es ja!
Nun knispelt es …
Da ist wer da!

Es kratzt …
Es schnurrt …
Und mir fällt ein:
Das kann nur
meine Katze sein.

Ute Andresen

Was ist für dich unheimlich oder spannend auf dem Bild? Begründe es!

Zauberei mit Wörtern

1 Findet die Regel für das Wörterspiel und spielt es weiter!

2 Schreibe die Wörter, die ihr gefunden habt, mit Begleiter (Artikel) auf!

das Hexenhaus, …

3 Lies den Gespensterbrief! Schreibe ihn richtig auf!

Hallo freunde,
in der nacht ist es in
der schule so leise ich
habe mich gefürchtet
meine schönen bücher
mit gruselgeschichten
kann ich immer noch
nicht lesen wollt ihr
mir helfen
euer schulgespenst

★ Auf dem Gespensterschloss findest du viele **G**-Wörter. Bilde lustige Sätze damit!

Graue Gespenster geistern …

Regel für ein Sprachspiel erkennen und anwenden;
Großschreibung am Satzanfang/von Substantiven anwenden

4 Wie heißen die verhexten Wörter?

das iKdn die sauM die leEu der mauB der Wadl

5 Schreibe die verhexten Wörter in Einzahl und Mehrzahl auf!
Markiere, was sich in der Mehrzahl verändert hat!

Einzahl	Mehrzahl
die Maus	die Mäuse

6 Hilfe, Gespensterschrift!
Schreibe die Sätze richtig auf!

UMDASALTESCHLOSSHEULTDERWIND
DREIGESPENSTERSPUKENHEUTE
HINTERDERVIERTENTÜRLIEGTEINSCHATZ

7 Bilde mit den Wortbausteinen neue Wörter und setze sie ein!

auf | er | mit | zählen | ver

Das Gespenst kann noch nicht bis hundert ◯.

Bei der 7 und der 3 ◯ es sich immer.

Aber Geschichten kann es gut ◯.

Seine Streiche kann ich gar nicht alle ◯.

Zur Mitternacht ◯ es alle zwölf Glockenschläge ◯.

8 Das Gespenst murmelt geheimnisvolle Sprüche. Aber wo ist das letzte Wort geblieben? Reime die Sprüche zu Ende!

★ Dichte selbst lustige Zaubersprüche!

Wörter mit eu und ei

die Leute
freuen
er freut sich
klein
reif
weich
weiß
neu
teuer
heute
ein
eins
zwei
drei

1 Ordne die Wörter der Wortleiste!

Wörter mit eu	*Wörter mit ei*
...	...

2 Schreibe das Gegenteil auf!
Prüfe mit der Wortleiste:

alt und ...	*groß und ...*
billig und ...	*schwarz und ...*
hart und ...	*gestern und ...*

3 Reime weiter!
weich, r..., T...
heute, L..., B...

★ Zu welchen Wörtern aus der Wortleiste findest du noch Reimwörter?

4 In dem Silbenrätsel haben sich fünf Wörter mit **eu** versteckt.
Finde sie und schreibe sie auf!

Eu	din	ein Nachtvogel
Freun	tel	ein Mädchen, das du gern hast
teu	te	das Gegenteil von billig
Leu	le	viele Menschen
Beu	er	darin trägt das Känguru seine Jungen

5 Setze in die Lücken einmal **ei** und einmal **eu** ein:
die Sch■ne, h■len, n■n, die ■le
Schreibe so: *die Scheune, die Scheine, ...*

6 Wie können die Dinge sein? Ergänze die Sätze!

Der Schnee ist … *Das Obst ist …*
Das Bett ist … *Der Schlitten ist …*
Mein Bruder ist noch …

7 Setze die gebeugte Form (Personalform) von **freuen** ein! Achte auf die Endung!

ich freue mich	*wir … uns*
du freust dich	*ihr … euch*
er … sich	*sie … sich*

8 Finde die versteckten Wörter in der **eu**-Blume und schreibe sie auf!

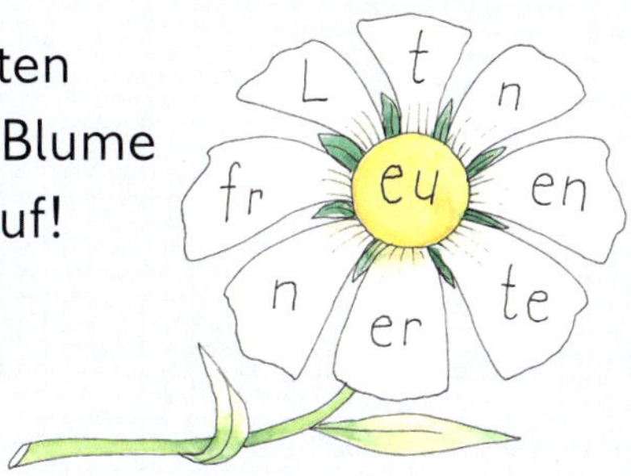

★ Gestalte eine eigene **ei**-Blume!

TIPP **So schreibe ich ein Würfeldiktat:**

- Ich würfle eine Zahl.
- Ich lese den Satz mit der Zahl.
- Ich merke mir die Sinnabschnitte.
- Ich schreibe den Satz auswendig auf.
- Ich vergleiche und berichtige.

Zum Üben

1. Alle gruseln sich/vor der bösen Hexe.
2. Der Zwerg ist unheimlich.
3. Der Zauberer/hat einen neuen Hut.
4. Das kleine Gespenst/ärgert heute die Leute.
5. Der Riese freut sich/auf sein weiches Bett.
6. Die gute Fee/erfüllt drei Wünsche.

Wörter mit aa, ee, oo

der Aal
das Haar
der See
der Schnee
das Boot
leer

1 Ordne die Lösungswörter so:
Wörter mit aa: der Aal, …
Wörter mit ee: das …
Wörter mit oo: das …

2 Reime weiter!
der Schnee, der S…, der Kl…
der Kaffee, der T…, die F…
das Haar, das P…

3 Das Gespenst hat diese Wörter vertauscht:
die Zootasse – der Teebesuch
das Storchenboot – das Ruderpaar
die Seespange – der Haarmann
das Meerblatt – das Kleeschweinchen
Schreibe die Wörter richtig auf!
die Teetasse, der Zoobesuch, …

★ Vertausche selber Wörter! Nutze dazu folgende Wörter:
Badesee – Teebeutel, Küchenwaage – Konzertsaal,
Schneeball – Haarbürste, Zootier – Zauberfee

4 Schreibe die Namen der Beeren auf!
die Himbeere, die …

Wörter mit ie

Wenn Riesen niesen

Sieben Riesen, die mit bloßen Füßen
über nasse Wiesen liefen,
niesten mit ihren Riesennasen so laut,
dass von diesem Riesenniesen
sieben Wieselkinder,
die in tiefen Zimmern schliefen,
aufwachten und Gesundheit riefen.

Josef Guggenmos

die Wiese
das Spiel

spielen
er spielt
fliegen
sie fliegt
lieben
er liebt
liegen
sie liegt

wie
wieder

merke:

dir
mir
wir

1 Welche Wörter mit **ie** entdeckst du im Gedicht?

2 **i** oder **ie**? Sprich die Wörter!
Klingt der **i-Laut** kurz oder lang?

die W■se, der W■nter, s■ngen, der Br■f,

v■r, das K■nd, fl■gen, der W■nd

3 Suche die Wörter aus Aufgabe 2 im Wörterverzeichnis! Ordne sie so:

Wörter mit ie	*Wörter mit i*
die Wiese	*der Winter*

★ Bilde zusammengesetzte Namenwörter (Substantive) mit dem Wort **Spiel**!
das Würfelspiel, das …

Zum Üben

Auf der Wiese
Marie und Anna/liegen auf der Wiese.
Die anderen Kinder/spielen mit dem Ball.
Er fliegt hoch wie ein Vogel. Dann fangen sie/
den Ball wieder. Das Spiel macht viel Spaß.

Gespensterpuppen

Was ich dazu brauche:
ein Taschentuch oder eine Serviette,
etwas Watte,
dünne Schnur,
ein Stöckchen,
Wollreste und Farbstifte

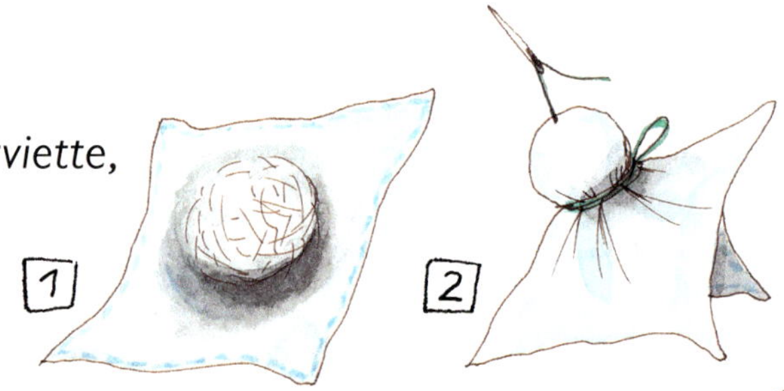

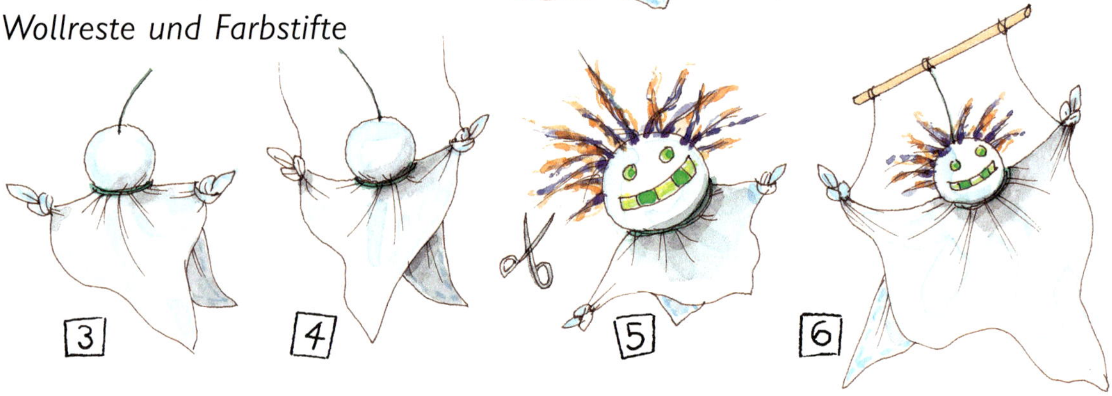

★ Beschreibe, wie die Gespensterpuppe gebastelt wird.

★ Erzählt oder spielt Gespenstergeschichten mit euren Puppen.

Vor vielen hundert Jahren lebte in einem Schloss
eine Gespensterfamilie:
die Mutter Spukikana, der Vater Spukikuss,
die Zwillinge Gruselus und Gruseline
und das Baby Klein-Spuki.
Eines Morgens brachte die Fledermaus
einen Eilbrief. Darin stand:
Hallo Spukikana, wir haben uns
lange nicht gesehen.
Ich komme euch bald besuchen.
Deine Schwester Hexana.
Nach einer Woche hörte die Familie
ein Besengeräusch …

★ Wie könnte die Geschichte weitergehen?

nach einer Anleitung Gespensterpuppen herstellen;
Gespenstergeschichten erzählen bzw. fortsetzen

Im Sommer

„Ich kann das Kofferschleppen nicht leiden,
ich packe nicht gern ein und aus“,
sagte die kleine Schnecke bescheiden
und verreiste gleich mit dem ganzen Haus.

Christine Busta

Sechs Wochen Ferien! … Tage frei!
Da können schon merkwürdige Dinge passieren.
Worauf freust du dich?

Sommerzeit – Reisezeit – Zeit zum Spielen

Endlich sind Ferien. Nun ist auch wieder viel Zeit zum Spielen. Im Zug, im Flugzeug oder Auto, aber auch zu Hause könnt ihr euch die Zeit mit lustigen Spielen vertreiben.

1 Die Familie im Bild spielt „Ich packe meinen Koffer“. Erklärt das Spiel!

2 Spielt das Spiel!

3 Könnt ihr das Autokennzeichen-Spiel erklären?

4 Spielt mit diesen Kennzeichen das Spiel!

Leonie kennt ein weiteres Reisespiel. Es heißt „Mit dem Abc um die Welt“.

5 Findet heraus, nach welcher Regel das Spiel „Mit dem Abc um die Welt“ gespielt wird! Probiert es selber aus!

6 Spielregeln können verändert werden.
Stellt eigene Regeln auf und spielt danach:
Ich fahre nach Belgien und nehme ein Buch mit.
…

7 Sammelt weitere Spiele für eine Reise!
Tauscht euch aus, erklärt die Spielregeln und spielt sie!

TIPP **Das muss man bei einer Spielanleitung beachten:**
- Wer spielt mit?
- Wie ist der Spielverlauf?

★ Es wäre schön, wenn jeder einige Wörter in der Sprache eines Urlaubslandes sprechen könnte. Probiert es aus!

Guten Tag!	Buon giorno!	Hello!	¡Buenos dias!	…
Danke!	Grazie!	Thank you!	¡Gracias!	…
Ja!	Si!	Yes!	¡Si!	…
Nein!	No!	No!	¡No!	…

Ferienwörter – Feriengeschichten

*Die Kinder haben Ferienwörter auf Kärtchen geschrieben.
Dann haben sie die Wörter sortiert und in Dosen gesteckt.*

1 Wie haben die Kinder ihre Wörter sortiert?

2 Suche dir aus jeder Dose zwei Wörter aus!
Bilde damit lustige Sätze und schreibe sie auf!
Du kannst dir auch eine eigene Wortsammlung anlegen.

★ Schreibe mit den Wörtern, die du gezogen hast,
eine kleine Geschichte!
Alle deine Wörter sollen darin vorkommen.

Eis | essen | fliegen

In diesem Sommer fliegen wir nach Italien. Dort machen wir Urlaub am blauen Meer. Mutti hat gesagt, dass ich jeden Tag Eis essen darf …

blau | Meer | heiß

3 Lies den Text! Welche Tätigkeitswörter (Verben) passen am besten in die Lücken? Probiere verschiedene aus!

Rieke will mit ihren Eltern zum See ◯.

Sie ◯ über die Wiese.

Zwei Störche ◯ durch das hohe Gras.

Sie beobachten sie eine Weile.

Dann ◯ sie weiter.

Endlich sind sie da.

Schnell ◯ sie ins Wasser.

wandern
laufen
rennen
schreiten
marschieren
gehen
stolpern

4 Schreibe den Text mit passenden Tätigkeitswörtern (Verben) auf!

5 Ein Kind stellt ein Tätigkeitswort (Verb) aus dem Kasten dar. Die anderen raten. Welche Tätigkeitswörter (Verben) kann man nicht so gut unterscheiden?

gehen, eilen, schreiten, schleichen, stolzieren, laufen, schlendern, springen, hüpfen, rennen

6 Was kann man im Wasser alles machen? Schreibe die Wörter richtig auf!

schwimmen
tauchen
plantschen
paddeln
kraulen

7 Schreibe mit den Wörtern aus Aufgabe 6 jeweils einen Satz.

★ Welche ähnlichen Tätigkeitswörter (Verben) findest du für **sehen**?

Wortfeld gehen in Sinnzusammenhängen erarbeiten;
Wortfeld schwimmen

Wörter mit hl, hm, hn, hr

die Bahn
die Zahl
der Fehler
nehmen
er nimmt
fehlen
sie fehlt
fahren
er fährt
zählen
sie zählt
erzählen
er erzählt

Die Fahrt in das Ferienlager

Wir fahren mit der Bahn. Früh treffen wir uns auf dem Bahnhof. Anna und Willi zählen nach, ob noch Kinder fehlen. Wir brauchen nicht mehr zu warten. Alle nehmen ihre Taschen und steigen, ohne zu drängeln, ein. Wir werden viel zu erzählen haben.

1 Schreibe die unterstrichenen Wörter ab und ordne sie:

hl: zählen, … *hn: …*
hm: … *hr: …*

2 Suche das Stichwort **nehmen**!
Schreibe alles ab, was bei dem **Stichwort** steht!

3 Immer vier Wörter gehören zu einer Wortfamilie. Finde sie!
fahren, der Fernseher, benehmen, abnehmen, er sieht, nehmen, er fährt, ansehen, die Fahrt, mitnehmen, sehen, der Busfahrer

4 Schreibe die Wortfamilien aus Aufgabe 3 auf! Unterstreiche immer den Wortstamm!
fahren, er fährt, die F…, der B…
…

★ Schreibe auf, welche Namenwörter (Substantive) der Wortleiste zu den Wortfamilien **fehlen** und **zählen** passen!

Wochentage und Monate

1 Setze die Wochentage ein!

Am **Sonn**tag schien die **Sonne**.
Am **M** … kam Herr **Mon**.
Am … hatte ich **Dienst**.
Am … war **Mitte** der Woche.
Am … hat es **gedonnert**.
Am … hatte ich **frei**.
Am … kam das **Sams**.

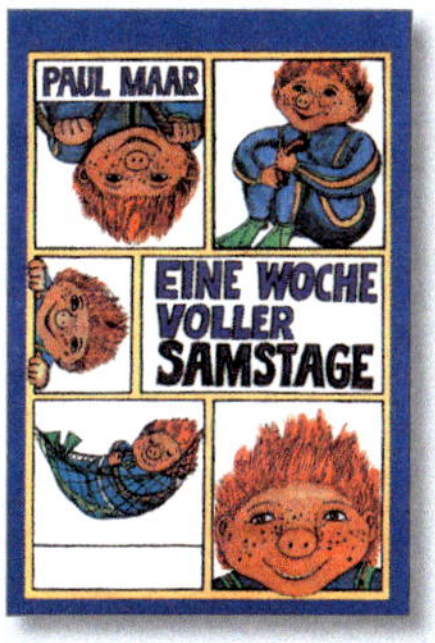

2 Löse alle Aufgaben! Ein Kalender hilft dabei!

Zum Sommer gehören die Monate …

Ich habe im Monat … Geburtstag.

Welcher Monat hat weniger Buchstaben als der Juni?

Welcher Monat heißt genauso wie ein Vorname?

Welche Monate haben nur 30 Tage?

Nikolaustag ist im …
Am 1. … ist Neujahr.

<u>Wochentage</u>
Montag
Dienstag
Mittwoch
Donnerstag
Freitag
Sonnabend/
Samstag
Sonntag

<u>Monate</u>
Januar
Februar
März
April
Mai
Juni
Juli
August
September
Oktober
November
Dezember

Zum Üben

Mein Wochenplan

- Am Montag/putze ich mein Fahrrad.
- Am Dienstag/gehe ich schwimmen.
- Am Mittwoch/hole ich meinen Freund ab.
- Am Donnerstag/lese ich ein Buch.
- Am Freitag/zähle ich mein Taschengeld.
- Am Sonnabend und am Sonntag/habe ich frei.

Wolkenkino

Es ist warm. Ich liege auf der Wiese und schaue in den Himmel. Was bietet das Wolkenkino heute? Weiche Wattewolken, dicke Monsterwolken, die immer eine andere Form annehmen: Tiere, Riesen, Drachen … Im Wolkenkino ist es nie langweilig.

Martin hat dazu ein Gedicht geschrieben:

Wolken
Die Wolken ziehen nach Süden,
da freuen sich die Blüten.
Der Wind kommt mit Gebraus
und bläst den Regen raus.
Eine Wolke am Himmel
sieht aus wie ein Schimmel.
Die andere daneben
will als Katze weiterschweben.
Da kam ein Wolkenhund geflogen
und hat die Katze am Schwanz gezogen.

Schreibe eine **Wolken-Geschichte** oder ein **Wolken-Gedicht** und gestalte deinen Text! So kannst du beginnen:
Die Wolken am Himmel …
oder: *Ich liege im Gras …*

Bist du fit?

Am Ende des Schuljahres wollen die Kinder ein Sprachfest veranstalten.
Sie haben sich mit Frau Bach beraten.
Sie werden an sieben Stationen arbeiten.

Eintrittskarte

das Alphabet aufsagen
oder
ein Abc-Gedicht vortragen
oder
ein Abc-Lied singen

1. Station:
Namenwörter (Substantive)

2. Station:
Eigenschaftswörter (Adjektive)

3. Station:
Tätigkeitswörter (Verben)

4. Station:
Sätze

5. Station:
Üben und kontrollieren

6. Station:
Tipps und Tricks

7. Station:
Geschichten

1. Station: Namenwörter (Substantive)

1 Welche Menschen, Tiere, Pflanzen oder Dinge mit dem Anfangsbuchstaben **Z** entdeckst du im Bild? Schreibe sie mit Begleiter (Artikel) auf!

der Zirkus, ...

2 Vier Wörter sind Namenwörter (Substantive). Schreibe sie in der Einzahl und Mehrzahl auf!

das Boot – die Boote, ...

FAHNE NICHT STADT FRÜH KALT HELL BOOT GLAS

3 Bilde zusammengesetzte Namenwörter (Substantive)!

die Sonnenblume, der Blumenstrauß, ...

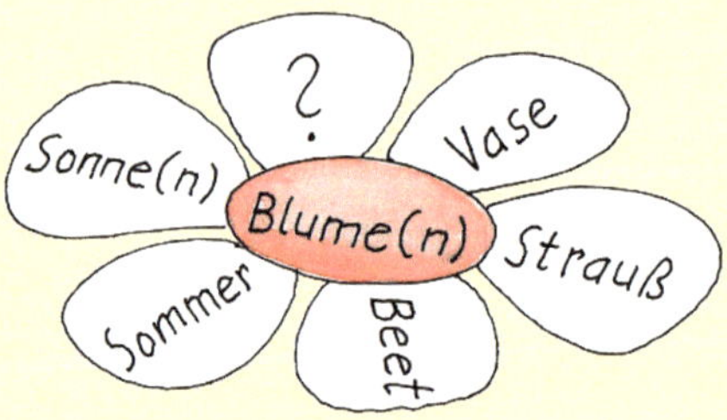

Namen für **Menschen**, **Tiere**, **Pflanzen** oder **Dinge** heißen **Namenwörter (Substantive)**.
Man schreibt sie am Wortanfang **groß**.
Sie können einen **Begleiter (Artikel)** haben: *der*, *die*, *das*, *ein*, *eine*.
Sie können in der **Einzahl** oder der **Mehrzahl** stehen.
das Pferd – die Pferde

2. Station: Eigenschaftswörter (Adjektive)

lockig
glatt
gut
schlecht
braun
grün
bunt
rot
kariert
gestreift
löchrig

1 Wie schauen die Clowns aus?
Beschreibe einen Clown mit den passenden Eigenschaftswörtern (Adjektiven)!

Alfredo	Fred
Alfredo hat … Haare.	Fred hat … Haare.
Er hat heute … Laune.	Er hat heute … Laune.
Er trägt eine … Jacke.	Er trägt eine … Jacke.
Sie hat drei … Knöpfe.	Sie hat drei … Knöpfe.
Alfredo hat eine … Hose	Fred hat eine … Hose
und … Schuhe an.	und … Schuhe an.

2 Wie sind die Dinge, die du hier siehst?
Schreibe so:
rote Tücher – Die Tücher sind rot.

Eigenschaftswörter (Adjektive) sagen, **wie** etwas ist.
Sie helfen, etwas genau zu beschreiben.
*der Koffer – der **große** Koffer – Der Koffer ist **groß**.*

3. Station: Tätigkeitswörter (Verben)

1 Schreibe kurze Sätze! Markiere die Tätigkeitswörter (Verben) und unterstreiche den Wortstamm!

Der Affe brüllt.
Die Mäuse …

2 Bilde mit den Wortbausteinen und dem Tätigkeitswort (Verb) **führen** Wörter!

weg | auf | vor | ab | führen

3 Setze die Wörter aus Aufgabe 2 passend ein!

Zuerst ◯ die Pferde ihre Kunststücke ◯.

Ein Reiter ◯ sie danach ◯.

Die Clowns ◯ anschließend ihre Nummer ◯.

Ein Polizist ◯ einen Dieb ◯.

Tätigkeitswörter (Verben) sagen, was jemand tut.

Grundform (Nennform): *brumm**en**;*
gebeugte Form (Personalform): *Der Bär brumm**t**.*

Wortstamm **Endung**

Mit Wortbausteinen kann man neue Wörter bauen.
*pflanzen – **ein**pflanzen, stecken – **ver**stecken*

4. Station: Sätze

1 In diesem Text fehlen die Punkte.
Lies ihn und mache am Satzende eine Pause!
Schreibe den Text mit Punkten auf!
Den Satzanfang musst du großschreiben!

2 Schreibe das Gespräch auf! Setze die richtigen Satzzeichen!

Es gibt verschiedene Satzarten. . ? !
Den **Satzanfang** schreibt man immer **groß**.
Aussagesatz: Die Vorstellung beginnt um acht Uhr.
Fragesatz: Wann beginnt die Vorstellung?
Aufforderungssatz: Kommt unbedingt pünktlich!
Ein **Ausrufezeichen** steht auch nach **Ausrufen**: Hallo! Hilfe!

5. Station: Üben und kontrollieren

Lies das Wort genau!
Sprich das Wort deutlich!
Schreibe es auf!
Vergleiche!

1 Manche Wörter muss man sich einfach merken.
Der Lernwortfächer hilft beim Üben.

2 Sprich die Wörter zu den Bildern deutlich!
Schreibe sie auf und kontrolliere mit dem Wörterverzeichnis!

3 Zerlege die Wörter in Silben!
Markiere in jeder Silbe den Selbstlaut:
die Bäckerin, der Buchstabe, das Plätzchen,
putzen, verstecken, blühen
die Bä-cke-rin, ...

6. Station: Tipps und Tricks

1
Verlängere die Wörter!
*das Sie**b** – die Sie**b**e* → **b**
*die Han**d** – die Hän**d**e* → **d**
*er fra**g**t – fra**g**en* → **g**

2
Doppelte Mitlaute können nur nach kurzem Selbstlaut stehen.
kennen, fallen

3
Findest du ein verwandtes Wort mit **au**?
*H**äu**ser – H**au**s* → **äu**
*tr**äu**men – Tr**au**m* → **äu**

4
Findest du ein verwandtes Wort mit **a**?
*Geb**ä**ck – b**a**cken* → **a**

5
Reimwörter helfen dir oft!

6
Wenn man den Wortstamm einer Wortfamilie kennt, kann man ganz viele Wörter richtig schreiben.

1 Löse die Aufgaben. Welche Tipps helfen dir dabei? Schreibe die Nummer dazu auf!

?
äu oder **eu**?
Setze richtig ein!
K[redacted]fer Z[redacted]gnis
F[redacted]er r[redacted]men

?
b, **d**, **g** oder **p**, **t**, **k**?
Setze richtig ein!
Stif[redacted] bun[redacted] Schran[redacted] Käfi[redacted]
plum[redacted] es pie[redacted]t sie schrei[redacted]t

?
ä oder **e**?
Setze richtig ein!
B[redacted]rg R[redacted]tsel
W[redacted]cker Erk[redacted]ltung

?
l oder **ll**?
Setze richtig ein!
wo[redacted]en ma[redacted]en
fa[redacted]en ho[redacted]en

?
Immer zwei Wörter gehören zusammen.
Markiere, was in den Wortpaaren gleich bleibt:
erschrecken, Zahl, leer, bezahlen, ausleeren, Schreck

7. Station: Geschichten

Tim ist das erste Mal im Zirkus.
Plötzlich holt der Zauberer ihn aus dem Publikum …

der Zirkus
der Zauberer
der Zauberhut
der Zauberspruch
die Eselsohren
das Publikum
der Applaus
die Krone
aufgeregt
sich freuen
ängstlich
glücklich

1 Betrachte die Bilder! Überlege, was Tim denkt, fühlt oder sagt!

2 Schreibe eine Geschichte zu den Bildern!
Denke dir eine passende Überschrift zu deiner Geschichte aus!
Tim ist das erste Mal im Zirkus. Plötzlich holt der Zauberer ihn aus dem Publikum …

Gib den Menschen und Tieren einen Namen!
Sammle Wörter, die gut zu der Geschichte passen!
Prüfe:
- Kann man alles verstehen?
- Stimmt die Reihenfolge?
- Werden bestimmte Wörter zu oft verwendet?
- Hat die Geschichte eine passende Überschrift?

Station: ★

Diese Begriffe hast du schon gelernt.
Hier sind sie nach dem Alphabet geordnet.

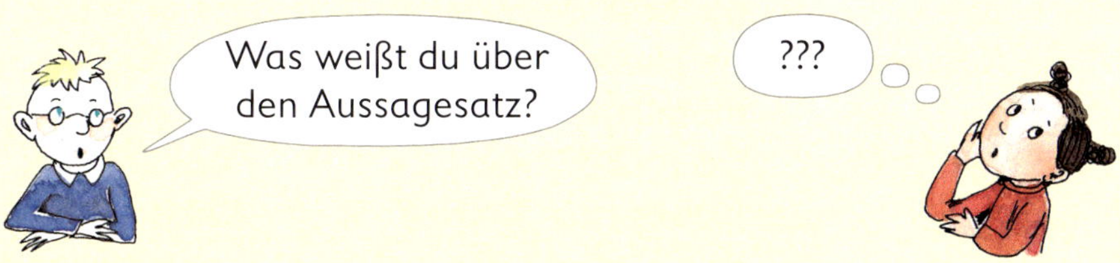

1 Stellt euch abwechselnd fünf solcher Fragen! Für jede richtige Antwort gibt es einen Punkt, für eine falsche Antwort einen Strich. Zur Kontrolle könnt ihr auf den angegebenen Seiten Wichtiges nachlesen.

das **Heft**, die Hefte
heiß, heißer Tee
helfen, du hilfst, sie hilft, sie halfen
die **Hilfe**, die Hilfen
hell, das helle Licht
heraus, herein
der **Herbst**
heute
hier
hinaus, hinein
hoch, ein hohes Haus
der **Hof**, die Höfe
holen, du holst, er holt, er holte, er hat geholt
das **Holz**, die Hölzer
hören, du hörst, sie hört, sie hat gehört
der **Hort**
die **Hose**, die Hosen
der **Hund**, die Hunde

I i

ich
ihm, ihm helfen
ihn, ihn sehen
ihnen, ihnen begegnen
ihr, ihre, ihren, ihrer
im
immer
in
ist, es ist warm

J j

ja
das **Jahr**, die Jahre, die Jahreszeiten
der **Januar**
der **Juli**
der **Junge**, die Jungen
der **Juni**

K k

kalt, ein kalter Wind
der **Kasten**, die Kästen
die **Katze**, die Katzen
kaufen, du kaufst, er kauft, er hat gekauft
kein, keine, keiner
kennen, du kennst, sie kennt, sie kannte
das **Kind**, die Kinder
das **Kino**, die Kinos
die **Klasse**, die Klassen
das **Kleid**, die Kleider
klein, ein kleines Kind
der **Koffer**, die Koffer
kommen, du kommst, du kamst, er kam, sie kamen
können, du kannst, sie kann, sie konnte
der **Kopf**, die Köpfe
krank, ein kranker Mann
die **Küche**, die Küchen
der **Kuchen**, die Kuchen
kurz, ein kurzer Zug

L l

lachen, du lachst, er lacht, er hat gelacht
die **Lampe**, die Lampen
lang, ein langer Tag
langsam, ein langsames Auto
lassen, du lässt, er lässt, er ließ; Lass das!
laufen, du läufst, sie läuft, sie lief, sie ist gelaufen
laut, ein lauter Knall
der **Laut**, die Laute
leer, ein leerer Bus
legen, du legst, er legt
leise, ein leiser Ton
lernen, du lernst, sie lernt
lesen, du liest, er liest, er las; Lies vor!
der **Leser**, die Leser, die Leserin
die **Leute**
lieben, du liebst, sie liebt, lieblich
das **Lied**, die Lieder
liegen, du liegst, er liegt, er lag
links
der **Löffel**, die Löffel

M m

machen, du machst, sie macht

das **Mädchen**,
die Mädchen
der **Mai**, der Maikäfer,
das Maiglöckchen
malen, du malst,
er malt
die **Mama**
man
der **Mann**, die Männer
der **März**
mehr, mehrere
mein, meine
merken, du merkst,
sie merkt,
sie hat gemerkt
das **Messer**, die Messer
mich
die **Milch**
mir
mit
die **Mitte**
der **Mittwoch**
mögen, ich mag,
du magst, er mag,
du möchtest
der **Monat**, die Monate
der **Montag**
morgen, bis morgen
müssen, du musst,
sie musste
die **Mutter**, die Mütter,
die Mutti

N n

nach
der **Name**, die Namen
das **Namenwort**
(Substantiv)
die **Nase**, die Nasen
nehmen, du nimmst,
er nimmt, er nahm,
er hat genommen;
Nimm! Nehmt!
nein
das **Nest**, die Nester
neu, eine neue Puppe
nicht
noch
der **November**
nun
nur

O o

oben
oder
offen, eine offene Tür
ohne
der **Oktober**
die **Oma**, die Omas
der **Onkel**, die Onkel
der **Opa**, die Opas

P p

packen, du packst,
sie packt, gepackt,
das Päckchen
das **Paket**, die Pakete
der **Papa**, die Papas
die **Pflanze**, die Pflanzen
pflanzen, du pflanzt,
er pflanzt,
er hat gepflanzt
der **Plan**, die Pläne
planen, du planst,
er plant
der **Platz**, die Plätze
die **Post**
prüfen, du prüfst,
er prüft
die **Puppe**, die Puppen
putzen, du putzt,
sie putzt

Qu qu

quaken, er quakt
der **Quark**
quieken, es quiekt

R r

das **Rad**, die Räder,
das Fahrrad
rechts
reif, der reife Apfel
reisen, du reist,
sie reist, die Reise
der **Ring**, die Ringe
rollen, du rollst,
er rollt, er ist gerollt
der **Roller**, die Roller
rot, ein roter Ball
rufen, du rufst,
sie ruft,
sie hat gerufen

S s

sagen, du sagst,
er sagt, er sagte
der **Sand**
der **Satz**, die Sätze
sauber,
eine saubere Hose
schauen, du schaust,
sie schaut, sie schaute

scheinen, sie scheint,
die Sonne schien
schenken,
du schenkst,
er schenkt,
er schenkte
schicken, du schickst,
sie schickt,
sie hat geschickt
das **Schiff**, die Schiffe
schlafen, du schläfst,
er schläft, er schlief
der **Schlitten**,
die Schlitten
schmücken,
du schmückst,
sie schmückt
der **Schnee**
schneien, es schneit,
es schneite
schnell,
ein schneller Zug
schon
schön,
ein schönes Kleid
schreiben,
du schreibst,
er schreibt, er schrieb,
er hat geschrieben,
die Schrift
der **Schuh**, die Schuhe
die **Schule**, der Schüler,
die Schülerin
die **Schüssel**,
die Schüsseln
schwarz,
schwarzer Tee
schwer,
der schwere Koffer
die **Schwester**,
die Schwestern

schwimmen,
du schwimmst,
sie schwimmt,
sie schwamm,
sie ist geschwommen
der **See**, die Seen
sehen, du siehst,
er sieht, er sah; Sieh!
Seht!
sehr, sehr viel
die **Seife**, die Seifen
das **Seil**, die Seile
sein, ich bin, du bist,
er ist, wir sind,
ihr seid, sie sind,
er war
sein, seine Kinder
die **Seite**, die Seiten
selbst
der **September**
sich **setzen**, du setzt dich,
sie setzt sich,
sie hat sich gesetzt
sich
sie
singen, du singst,
er singt, er sang,
er hat gesungen
sitzen, du sitzt,
er sitzt, er saß,
er hat gesessen;
Sitz still!
so
sollen, du sollst,
sie soll, sie sollte
der **Sommer**
der **Sonnabend**
(Samstag)
die **Sonne**, sich sonnen
der **Sonntag**
sparen, du sparst,
er spart,
er hat gespart

spät, später
sperren, sie sperrt,
die Sperre
das **Spiel**, die Spiele
spielen, du spielst,
er spielt
spitz,
ein spitzer Stein,
die Spitze
springen, du springst,
sie springt, sie sprang,
sie ist gesprungen
die **Stadt**, die Städte
stecken, du steckst,
er steckt
stehen, du stehst,
sie stand
steigen, er steigt,
er stieg
der **Stein**, die Steine
die **Straße**, die Straßen
das **Substantiv**
(Namenwort)
suchen, du suchst,
sie hat gesucht
die **Suppe**,
die Suppen
süß, der süße Kuchen

T t

die **Tafel**, die Tafeln
der **Tag**, die Tage
die **Tante**, die Tanten
die **Tasche**, die Taschen,
die Taschenlampe
die **Tasse**, die Tassen
das **Tätigkeitswort**
(Tuwort, Verb)
das **Telefon**, telefonieren
der **Teller**, die Teller

teuer,
ein teures Buch
der **Text**, die Texte
das **Tier**, die Tiere
der **Tisch**, die Tische
tragen, du trägst,
er trägt, er trug,
er hat getragen
trinken, du trinkst,
sie trinkt, sie trank,
sie hat getrunken
das **Tuch**, die Tücher
tun, du tust, er tut,
er tat
die **Tür**, die Türen
turnen, du turnst,
sie turnt,
sie hat geturnt
die **Tüte**, die Tüten

U u

üben, du übst, er übt,
er hat geübt
über
die **Übung**, die Übungen
die **Uhr**, die Uhren
um
und
uns, unser, unsere
unten,
unten im Schrank
unter, unter dem
Tisch

V v

der **Vater**, die Väter
viel, viele Monate
vier, vierzig
der **Vogel**, die Vögel
voll, ein voller Teller
vom
von
vor

W w

der **Wagen**, die Wagen
der **Wald**, die Wälder
war, ich war, er war,
ihr wart, sie waren
wann
warm,
das warme Wasser
warten, du wartest,
er wartet
was
waschen, du wäschst,
sie wäscht,
sie wäscht sich,
er wusch seine Jacke
das **Wasser**
der **Weg**, die Wege
weich,
das weiche Fell
das **Weihnachten**,
der Weihnachtsbaum
weiß,
der weiße Schnee
weit, ein weiter Weg
welche
wenn
wer
werden, du wirst,
er wird
das **Wetter**
wie
wieder
die **Wiese**, die Wiesen
der **Wind**, das Windrad
der **Winter**
wir
wo
die **Woche**, die Wochen,
die Wochentage
die **Wolke**, die Wolken
wollen, du willst,
sie will, sie wollte
das **Wort**, die Wörter
wünschen,
du wünschst,
er wünscht
der **Wunsch**

X x

das **Xylophon**

Y y

das **Ypsilon**
(Buchstabe: Y)

Z z

die **Zahl**,
die Zahlen
zählen, du zählst,
er zählt, er zählte
zeigen, du zeigst,
er zeigt
die **Zeit**
zu
der **Zug**, die Züge
zum,
zum Bahnhof fahren
zur, zur Schule gehen
zwei

Kapitel	Sprechen und Zuhören	Schreiben/Texte verfassen
In der Schule Seite 5–18	Bild und Gedicht als Erzählanlass nutzen: neues Schuljahr (5); Fragen und Wünsche formulieren (6); spielerisch Namen kennen lernen (7); begründen, welche Dinge in eine Schultasche gehören (9); sich über Nachschlagewerke/Wörterbücher austauschen (10, 12); Abc-Lied singen (10)	Das-mag-ich-Abc/Das-mag-ich-nicht-Abc schreiben; Sätze/Geschichte zu einem Buchstaben schreiben (18)
Im Herbst Seite 19–30	Bild und Gedicht als Erzählanlass nutzen: Herbst (19); sich über Ideen zu einem Fest austauschen (20); Dinge beschreiben (22); sich über Vorwissen zum Thema Igel austauschen (24)	Ideensammlung und Arbeitsplan für ein Fest erstellen (20); Rezepte sammeln und notieren (21); eigene Fragen zum Thema Igel aufschreiben (24); einen einfachen Sachtext schreiben (25); Herbst-Elfchen/ Herbst-Akrostichon schreiben (30)
Miteinander leben Seite 31–42	Bild und Gedicht als Erzählanlass nutzen: Familie (31); Spielanleitung formulieren (35)	zur eigenen Familie schreiben und malen (32); Merkmale einer Einladung erarbeiten (Tipp); eine eigene Einladung schreiben (34); Merkzettel/Stichpunkte erarbeiten (Tipp) (35); am Computer schreiben (Tipp) (36/37); Familiengeschichten schreiben und gestalten (42)
Märchenzeit Seite 43–50	Bild und Gedicht als Erzählanlass nutzen: Märchen (43); Märchen nach- und weiter-erzählen (44); Spielszenen zu einem Märchen entwickeln und vorspielen (45); Märchen mit verteilten Rollen lesen (46); ein Märchen mit Stabpuppen vorspielen (50)	Liste zur Planung einer Theateraufführung anlegen (Tipp) (45); Märchenleporello gestalten (50)
Im Winter Seite 51–60	Bild und Gedicht als Erzählanlass nutzen: Winter, Weihnachtszeit (51); zu einer Bildfolge erzählen (52); sich über unterschiedliche Wünsche auseinandersetzen (54)	Sätze zu einer Bildfolge schreiben (52); Informationen aus einem Sachtext entnehmen und aufschreiben (53); einen Wunschzettel schreiben (54); Arbeitsanleitung geordnet aufschreiben, unterschiedliche Satzanfänge nutzen (Tipp) (55); Schachtelgeschichte schreiben und gestalten; Weihnachtskarten schreiben und gestalten (60)
Das tut mir gut Seite 61–68	Bild und Gedicht als Erzählanlass nutzen: Freunde (61); Text als Anlass, über eigenen Erfahrungen zu sprechen; zu einer Bildfolge erzählen (62); mündliches Entschuldigen in einem Telefon-gespräch nachspielen (63); Bild als Anlass, eine eigene Meinung zu äußern und zu begründen (64)	Entschuldigung formulieren (63); Anforderungen an Freunde formulieren (64); Merkmale eines Briefes kennen lernen (Anrede- und Grußformeln) und einen Brief sinnvoll ordnen (Tipp) (65
Im Frühling Seite 69–80	Bild und Gedicht als Erzählanlass nutzen: Frühling (69); gezielt Textstellen finden und auf eigene Erfahrungen beziehen (70); sich über Textmerkmale austauschen (71); Geschichten in einer Gruppe vorstellen und besprechen (Tipp) (74)	mit Farbadjektiven Blumen beschreiben (71); eine Wörtersammlung anlegen und eine Frühlingsgeschichte schreiben (71); Informationen aus einem Sachtext entnehmen und aufschreiben; Liste mit Baumarten anlegen (72); Baumgeschichte schreiben, besprechen und überarbeiter (75)

;prache und ;prachgebrauch untersuchen	Rechtschreiben	Projekte/ fächerübergreifende Ideen
egriff Namenwort (Substantiv) nbahnen (7); egriffe Vorname/Familienname lären (7); Substantive kennen lernen und ach Kategorien (Menschen, Tiere, flanzen, Dinge) ordnen (8); rtikel (unbestimmter/bestimmter) ennen lernen (9)	Großschreibung von Substantiven (7/8); Nutzen alphabetischer Ordnung erfahren (10); das Alphabet kennen lernen und spielerisch üben (10/11); Wörterbuch kennen lernen und Stichwörter suchen (Tipp) (12/13); **Laute und Buchstaben:** Laute und Buchstaben unterscheiden; Vokale und Konsonanten kennen lernen und spielerisch damit umgehen (14/15); **Zwielaute:** Zwielaute kennen lernen; Reimwörter finden (16); **Silben:** Silben kennen lernen, aus Silben Wörter bilden, Wörter in Silben zerlegen (17)	Leseecke einrichten; Reime, Rätsel, Spiele zum Alphabet; Das-mag-ich-Abc/ Das-mag-ich-nicht-Abc; Sätze/Geschichte zu einem Buchstaben gestalten, sammeln und veröffentlichen; Abc-Lied einüben und vortragen
ubstantiv: Singular und Plural kennen ernen (21); Adjektive kennen lernen und n Sinnzusammenhang verwenden (22); djektive erkennen und anwenden (23); ragesatz/Fragezeichen kennen ernen (24); Aussagesatz/Punkt kennen ernen (25)	Großschreibung bei Sätzen (24/25); Wörterkiste und Arbeitstechnik „Abschreiben" kennen lernen (Tipp) (26/27); **B/b, D/d, G/g am Wortanfang:** Umlaute kennen lernen (28); **K/k, P/p, T/t am Wortanfang:** verwürfelte Sätze richtig aufschreiben; Substantive und Adjektive erkennen; Laufdiktat kennen lernen (Tipp) (29)	Herbstfest vorbereiten und feiern; Herbstfrüchte sammeln und ausstellen; Igelprojekt; thematische Büchersammlung zum Thema Herbst/Igel erstellen; Gedichte, Rätsel und Reime zur Jahreszeit lesen oder selber schreiben, gestalten und ausstellen
erben kennen lernen: passende Verben uordnen; Verben pantomimisch arstellen (32); erben: Grundform/Nennform, gebeugte orm/Personalform kennen lernen (33); erben: Wortstamm/Endung kennen ernen (40)	**V/v am Wortanfang:** Sätze ergänzen und bilden; auf lautliche Unterschiede achten (38); **Sch/sch am Wortanfang:** Sätze ergänzen; verwürfelte Wortgruppen ordnen; Wörter nachschlagen; Berichtigung kennen lernen (Tipp), Übungstext (39); **b in der Wortmitte:** Wortstamm und Endung kennen lernen und markieren; Verben im Satz verwenden; Verlängerungsstrategie (Grundform bilden) (40); **g in der Wortmitte und am Wortende:** Gegensatzpaare finden; Silbentrennung; Verben im Satz verwenden; Verlängerungsstrategie (Mehrzahl bilden) (41)	Einführung in die Computerarbeit; Familienbuch anlegen auf der Grundlage des Lektürevorschlags (Anja Tuckermann: Ein Buch für Yunus); Geburtstagsspiele vorstellen
djektive zuordnen (47); ufforderungssatz, Ausruf/Ausrufezeichen ennen lernen (47)	**d in der Wortmitte und am Wortende:** Reimwörter finden; Singular bilden; Verlängerungsstrategie (Mehrzahl bilden) (48); **Wörter mit ch:** auf lautliche Unterschiede achten; Reimwörter finden; Verkleinerungsformen (-chen, -lein); Partnerdiktat kennen lernen (Tipp) (49)	Märchennachmittag vorbereiten und gestalten; Märchen spielen; Stabpuppen basteln und damit spielen; Märchenbüchlein gestalten
ubstantiv: zusammengesetzte Substantive ennen lernen und bilden (52/53); Vortfamilien und Wortstamm kennen ernen; Wörter nach Wortfamilien rdnen (54)	**Kurze und lange Selbstlaute:** kurze/lange Vokale voneinander unterscheiden; passende Verben im Satz verwenden; Wörter nachschlagen (56/57); **Wörter mit ck:** Reimwörter finden; auf Vokalkürze vor ck achten; Verben im Satz verwenden; Wortfamilien bilden; Silbentrennung bei Wörtern mit ck; backen/packen im Sinnzusammenhang verwenden; Lauf- oder Partnerdiktat (58/59)	Plätzchen backen; Weihnachtsgeschenke herstellen: Schachtelgeschichte, Weihnachtskarten; Kinderbücher, Gedichte, Rätsel, Lieder zur Jahreszeit
Vortfamilien erkennen (66); gebeugte orm/Personalform verwenden (67)	**Sp/sp und St/st am Wortanfang:** auf lautliche Umsetzung achten; Wörter in Sinnzusammenhängen verwenden; Wörter nach Wortfamilien ordnen (66); **Wörter mit ch und sch:** Verben im Satz verwenden; Zungenbrecher; Lauf- oder Partnerdiktat (67)	Text mit offenem Ausgang ausdeuten (erzählen, malen, schreiben); Ich-Büchlein anlegen; Schulfreunde-Album/Poesie-Album; alte Sprüche erkunden
erben zusammensetzen/ableiten und im atz verwenden; Veränderung der Vortbedeutung/der Stellung im Satz rfahren (73); effende Substantive, Verben und djektive verwenden (71–73); Vortstamm erkennen (76); gebeugte orm/Personalform bilden (76/77).	**Wörter mit h:** Wortstamm markieren; gebeugte Form/Personalform bilden; aus Silben Wörter bilden (76); **Wörter mit ng:** gebeugte Form/Personalform bilden; Verben im Satz verwenden; Gegensatzpaare finden; Verben zusammensetzen; Lauf- oder Partnerdiktat (77); **Mitlaute nach kurzem Selbstlaut:** Konsonantenfolge nach kurzem Vokal untersuchen (78); kurze Vokale kennzeichnen; Reimpaare finden; Wörter nachschlagen; Lauf- oder Partnerdiktat (79)	Beete mit Frühblühern anlegen; gesunde Ernährung (Rezepte, Frühlingsüberraschungen mit Kresse); Computer zum Überarbeiten einer Geschichte nutzen; Kinderbücher, Gedichte, Rätsel, Lieder zur Jahreszeit

Kapitel	Sprechen und Zuhören	Schreiben/Texte verfassen
Mit Tieren leben Seite 81–88 	Bild und Gedicht als Erzählanlass nutzen: Lieblingstier (81); sich über Textmerkmale austauschen, passende Überschriften zuordnen (82); Geschichten besprechen (85)	Geschichte schreiben und passende Überschrift finden (82); einer Bildfolge Sätze in der richtigen Reihenfolge zuordnen; Überschrift finden (83); treffende Verben und Adjektive finden und verwenden (84, 86); eine Geschichte zu einer Bildfolge schreiben, besprechen und bearbeiten (Tipp) (85); Tierrätsel schreiben (88)
Bei uns und anderswo Seite 89–96 	Bild und Gedicht als Erzählanlass nutzen: Spiele in aller Welt (89); aus einem Text Informationen entnehmen (90); Abzählreime sammeln und vortragen; Spielregeln verstehen und anwenden (92)	Informationen aus einem Text als Stichpunkte aufschreiben (90); zu einem Text Fragen erfinden; eigene Erfahrungen weitergeben (91)
In der Bibliothek Seite 97–104 	Bild und Gedicht als Erzählanlass nutzen: Bibliothek (97); Informationen über eine Bibliothek einholen (98); Ideen für ein Lesefest sammeln (100); ein Buch vorstellen (Tipp) (101)	Klassenliste über Lieblingsbücher anlegen (99); Ideen für ein Lesefest sammeln und strukturiert aufschreiben (100); Merkmale einer Buchvorstellung kennen lernen und eine eigene Buchvorstellung erarbeiten (Tipp) (101); Lesetipp schreiben (104)
Unheimliches und Spannendes Seite 105–114 	Bild und Gedicht als Erzählanlass nutzen: Gespensterfest (105); sich über Textmerkmale austauschen (107); Zaubersprüche erfinden (109)	Gespenstergeschichte nach einer Vorgabe schreiben (106); treffende Wörter und Wortgruppen sammeln (107)
Im Sommer Seite 115–124 	Bild und Gedicht als Erzählanlass nutzen: Ferien (115); Spielregeln verstehen, erklären, anwenden und abwandeln (Tipp) (116/117)	Bestandteile einer Anschrift kennen lernen (Tipp); eigenes Adressbuch anlegen (118); Verben, Substantive und Adjektive in Sätzen/Geschichten verwenden (120)
Bist du fit? Seite 125–133 	Bild und Gedicht als Erzählanlass nutzen (125)	Wiederholung: Geschichten schreiben (132)

Regelmäßig wiederkehrende Anforderungen wie die Arbeit mit der Wörterkiste und dem Wörterbuch, das Lesen und Verstehen von Arbeitsanweisungen sowie die Arbeit mit den Sammelwörtern sind in der tabellarischen Übersicht nicht mit aufgenommen worden.

Sprache und Sprachgebrauch untersuchen	Rechtschreiben	Projekte/ fächerübergreifende Ideen
ebeugte Form/Personalform verwenden 34, 86)	**Wörter mit tz:** auf kurzen Vokal vor tz achten; Reimwörter finden, Silbentrennung bei Wörtern mit tz; Verben im Satz verwenden; Lauf- oder Partnerdiktat (86); **Doppelte Mitlaute:** Wörter mit doppeltem Konsonant heraussuchen/im Sinnzusammenhang verwenden; Wörter nachschlagen; aus Silben Wörter zusammensetzen (87)	eine Zoohandlung besuchen; sich über die Haltung und Pflege von Heimtieren informieren; Tierbilder malen; Tierbücher aus der Bibliothek ausleihen; Tiergeschichten, -bilder und -rätsel sammeln
egegnung mit anderen Sprachen (90/92, 3); Informationen aus Bildern und ymbolen entnehmen (93); Piktogramme euten (94); zusammengesetzte ubstantive bilden (94/95); Verben usammensetzen/ableiten und im Satz erwenden (94); Plural bilden (95)	**Wörter mit s:** Piktogramme deuten; zusammengesetzte Substantive bilden, Verben zusammensetzen/ableiten und im Satz verwenden; Plural bilden, Reimwörter finden (94/95)	Rezepte und Spiele aus anderen Ländern ausprobieren; Wortsammlungen zu verschiedenen Sprachen anlegen; Kinderbücher über das Leben der Kinder in aller Welt aus der Bibliothek ausleihen; Rezeptsammlung anlegen
Oberbegriffe finden (98); usammengesetzte Substantive bilden (98, 02, 103); gebeugte Form/Personalform erwenden (99); Plural bilden (102); djektive treffend verwenden (102/103)	**Wörter mit t:** Plural bilden; zusammengesetzte Substantive bilden; Gegensatzpaare finden; Adjektive passend zuordnen; Groß- und Kleinschreibung üben; Lauf- oder Partnerdiktat (102); **Wörter mit ß:** zusammengesetzte Substantive bilden; Gegensatzpaare finden; Adjektive passend zuordnen (103)	Lesefest vorbereiten und durchführen; Bibliothek besuchen; Lesetipps schreiben; Klassenbücherei einrichten und verwalten; Lesetagebuch anlegen
usammengesetzte Substantive bilden (106, 08); treffende Wörter und Wortgruppen 07); Singular und Plural bilden (108); erben zusammensetzen und ableiten und n Text verwenden (109); gebeugte Form/ ersonalform bilden (111)	Regeln für ein Sprachspiel erkennen und anwenden (zusammengesetzte Substantive bilden); Großschreibung von Substantiven/am Satzanfang anwenden (108); Verben zusammensetzen und ableiten und im Text verwenden (109); **Wörter mit eu und ei:** Gegensatzpaare finden; Reimwörter finden; Silbenrätsel lösen; Adjektive zuordnen; gebeugte Form/Personalform bilden; Würfeldiktat kennen lernen (Tipp) (110/111); **Wörter mit aa, ee, oo:** Reimwörter finden; verwürfelte Substantive richtig zusammensetzen (112); **Wörter mit ie:** kurzen und langen i-Laut voneinander unterscheiden; Lauf- oder Partnerdiktat (113)	Gespensterbüchlein herstellen; Gespensterpuppen basteln und damit Geschichten erzählen; Spielszenen für ein Kartontheater entwickeln
egegnung mit anderen Sprachen (117); Vortfeld gehen und schwimmen (121); Vortarten unterscheiden (120); Vortfamilie/Wortstamm (122)	Alphabet wiederholen (Adressbuch anlegen) (118); Wörter nachschlagen (119); **Wörter mit hl, hm, hn, hr:** Wort nachschlagen; Wörter nach Wortfamilien ordnen; Wortstamm markieren (122); **Wochentage und Monate:** Kalenderbezeichnungen richtig schreiben; Würfeldiktat (123)	Ferientagebuch anlegen; Adressbuch anlegen; Spielideen sammeln; Feriengeschichten ausdenken und gestalten; Wolkengeschichten und -gedichte schreiben und malen; Kinderbücher, Gedichte, Rätsel, Lieder zur Jahreszeit
Viederholung: Substantive (126); Viederholung: Adjektive (127); Viederholung: Verben (128); Viederholung: Sätze (129); Viederholung: Fachbegriffe (133)	Wiederholung: Großschreibung von Substantiven (126); Wiederholung: Übungsstrategien (130); Wiederholung: Rechschreibstrategien	

Textquellen

S. 10 Das ABC-Lied. In: Musikus 1/2. Berlin: Volk und Wissen Verlag 1997

S. 11 Maar, Paul (Originalbeitrag): Der junge Max ...

S. 14 Guggenmos, Josef: A, E, I, O, U (geänd.). In: Der Hase, der Hahn und die Kuh im Kahn. München: Deutscher Taschenbuch Verlag 1980

S. 16 Kreusch-Jacob, Dorothée: Weiß wie Kreide (gek.). In: Heut Nacht steigt der Mond übers Dach. Hamburg: Verlag Heinrich Ellermann (o.J.)

S. 18 Lutz, F. M.: Die Geschichte mit dem W (gek.). In: ABC-Geschichten zum Schmunzeln. Kerpen-Buir: Kohl Verlag 1999

S. 19 Rote Blätter (gek.). In: Kinder kommt und ratet. Karin Heinrich. Berlin: Volk und Wissen Verlag 1984

S. 22 Künzler-Behncke, Rosemarie: Blätter (gek.). In: Drachenflug und Lichterspiel. Klaus W. Hoffmann. Düsseldorf: Patmos Verlag 1991

S. 23 Ich bin grün. In: Kinder kommt und ratet. Karin Heinrich. Berlin: Volk und Wissen Verlag 1984

S. 31 Schweiggert, Alfons: Bei Oma und Opa ist es schön (gek.). In: Kindergedichte rund ums Jahr. Niedernhausen/Ts.: Falken Verlag 1994

S. 43 Krenzer, Rolf: Märchenrätsel. Lahr: Verlag Ernst Kaufmann 1986

S. 46 Der Löwe und der Hase (afrik. Märchen). In: Kjambaki. Afrikanische Märchen. Erzählt von Anne Geelhaar. Berlin: Verlag Junge Welt 1970

S. 55 Zuckowski, Rolf: In der Weihnachtsbäckerei (gek.). Musik und Text: Musik für Dich Rolf Zuckowski OHG Hamburg

S. 60 Reinick, Robert: Die Nacht vor dem Heiligen Abend (aus: Christkind). In: Morgen, Kinder, wird's was geben. Mannheim: Zweiburgen Verlag (o.J.)

S. 60 Stein, Ulla: Käfer Kurt (Originalbeitrag). In: Engel und anderes Geflügel. Heidrun Boddin. Reinbek bei Hamburg: Rowohlt Taschenbuch Verlag 1994

S. 61 Hector, Lea: Freunde (gek.). In: Freunde. München: Gertraud Middelhauve Verlag 1982

S. 62 Maar, Paul (Originalbeitrag): Nach der Schule geht Katja ... (Originalbeitrag)

S. 64 Brandenberg, Aliki: Hier bin ich! Ich springe... (Text und Bildidee). Aus dem Amerikanischen von Susanne Härtel. In: Gefühle sind wie Farben. Weinheim & Basel: Beltz & Gelberg in der Verlagsgruppe Beltz, 1987

S. 67 Zeuch, Christa: Schnick, Schnack, Schneck. In: Halli – hallo, Herr Flunkerfloh. Würzburg: Arena Verlag (o.J.)

S. 69 Kahlau, Heinz: Das Veilchen (gek.). In: Der Rittersporn blüht blau im Korn. Berlin: Der Kinderbuchverlag Berlin, © Beltz Verlag, Weinheim & Basel (o.J.)

S. 70 Lobel, Arnold: Die Suche nach dem Frühling (gek., Überschrift hinzugefügt). Neu erzählt von Tilde Michels. In: Frosch und Kröte. München: Deutscher Taschenbuch Verlag 1996

S. 80 Frühlingsüberraschungen. (Nach einer Idee von Heiderose Fischer-Nagel; illustriert von Gisela Dürr). In: Mein schönes Gärtchen. Stuttgart: Franckh-Kosmos 1995

S. 81 Krüss, James: Kleine Katzen sind so niedlich (gek.). In: James' Tierleben. München: Annette Betz 1965

S. 88 Lebeck, Heike: Rätsel Katze/Hamster (geänd.). In: Welches Tier passt zu mir? Niedernhausen/Ts.: Falken Verlag 1996

S. 89 Bolliger, Max: Hinter den sieben Bergen. In: Weißt du, warum wir lachen und weinen? Lahr: Verlag Ernst Kaufmann 1977

S. 90 Überall auf der Welt lernen Kinder (gek.). Geo Wissen Nr. 31/2003

S. 97 Guggenmos, Josef: Meine Bücher (geänd.). In: Das kunterbunte Kinderbuch. Freiburg: Herder Verlag 1962

S. 105 Andresen, Ute: Spuk (gek.). In: ABC und alles auf der Welt. Weinheim & Basel: Beltz & Gelberg in der Verlagsgruppe Beltz, 2009

S. 113 Guggenmos, Josef: Wenn Riesen niesen. In: Überall und neben dir. Weinheim & Basel: Beltz Verlag 1994

S. 115 Busta, Christine: Wenn die Schnecke auf Urlaub geht (gek.). In: Die Zauberin Frau Zappelzeh. Salzburg: Müller Verlag 1979

S. 123 Maar, Paul (Originalbeitrag): Am Sonntag ... (geänd.)

Bildquellen

S. 12/13 ABC-Freunde. Cornelsen Verlag 2007 (Cover und Beispielseiten)

S. 22 Fotolia: sida (Blätter); tikanet (rotes Blatt)

S. 23 Fotolia: infinite XX (grüne Eichel); Marcel Mooji (braune Eichel); Philophoto (Walnuss); unipet (Haselnuss); Reiner Proschitzke (Apfel); Lucky Dragon (Steinpilz); Naturphoto/CZ/Melnik, Jaroslav Maly (Heringstäubling)

S. 24 Verlag und Naturfotoarchiv Erich Hoyer (Igel)

S. 25 vario images/MCPhoto (Igel); Tilde Michels, Sara Ball: Igel komm, ich nehm dich mit. dtv junior (Cover); Friederun Reichenstetter, Hans-Günther Döring: Wie kleine Igel groß werden: Eine Geschichte mit vielen Sachinformationen. edition bücherberg (Cover); Barbara Veit, Irene Mohr: Pieks, der Igel. Ueberreuter/Annette Betz, Wien (Cover)

S. 36 Birgit Eschweiler, Berlin (Computerarrangement); Peter Schnädelbach, Münster (Tastatur)

S. 42 Anja Tuckermann, Hildegard Müller: Ein Buch für Yunus: Eine deutsch-türkische Geschichte. Erika Klopp Verlag (Cover)

S. 50 Barlo Fotografik (Leporello, Stabfiguren)

S. 53 Fotolia: Karin Jähne (Kohlmeise); Khondozhko Ilja (Blaumeise)

S. 70 Illustrationen aus: Lobel, Arnold: Frosch und Kröte. Deutscher Taschenbuch Verlag

S. 72 Manfred Pforr. Tier- und Naturaufnahmen. Langenpreising (Rosskastanie)

S. 84 Fotolia: Lucky Dragon (Kätzchen)

S. 86 M. Wegeler: Juniors Bildarchiv (sich putzende Hauskatze)

S. 90 GEO Wissen Nr. 31, 2003/Petra Linderos (Mädchen aus Ecuador)

S. 91 Alamy, Bristol/Sally and Richard Greenhill (Junge in Schuluniform)

S. 98 Illustration „Lachende Brötchen" aus: Kochen mit Coccolino. Oski & Oski. Bern: Hallwag AG

S. 101 Janosch, Löwenzahn und Seidenpfote. Beltz & Gelberg (Cover); Eric Carle: Der kleine Käfer immerfrech. Gerstenberg Verlag (Cover); Paul Maar: Tina und Timmi kennen sich nicht. Oetinger Verlag (Cover); Astrid Lindgren, Lotta kann fast alles. Oetinger Verlag (Cover)

S. 103 Cornelsen Verlagsarchiv (Verkehrszeichen)

S. 123 Paul Maar: Eine Woche voller Samstage. Oetinger Verlag (Cover)